历史真精彩

有趣的课堂

快乐学习
趣味童年

编绘⊙壹卡通动漫

U0755370

陕西出版传媒集团
陕西科学技术出版社

图书在版编目（ＣＩＰ）数据

历史真精彩 / 壹卡通动漫编绘. — 西安：陕西科
学技术出版社，2014.12（2020.8重印）
（有趣的课堂）
ISBN 978-7-5369-6346-7

Ⅰ．①历… Ⅱ．①壹… Ⅲ．①中国历史－青少年读物
Ⅳ．①K209

中国版本图书馆 CIP 数据核字 (2014) 第 293135 号

策　划　朱壮涌

出版人　孙　玲

有趣的课堂·历史真精彩

出 版 者	陕西出版传媒集团　陕西科学技术出版社
	西安北大街 147 号　　　邮编 710003
	电话 (029)87211894　　传真 (029)87218236
	http://www.snstp.com
发 行 者	陕西出版传媒集团　陕西科学技术出版社
	电话 (029)87212206　87260001
印　　刷	华睿林（天津）印刷有限公司
规　　格	720mm×1000mm　16 开本
印　　张	8
字　　数	100 千字
版　　次	2014 年 12 月第 1 版
	2020 年 8 月第 2 次印刷
书　　号	ISBN 978-7-5369-6346-7
定　　价	19.80 元

推荐序

　　我们的学生时期基本上是在听老师讲课中度过的。在这些课中，既有我们喜爱的课程，也有我们觉得枯燥无聊的课程。其实，那些看似无聊的课程也有着超乎想象的魅力。现在，我们用孩子的眼光来重新认识这些出现在课本中的知识，将它们重新编排，以插图绘本的形式图文并茂地展现在孩子面前。

　　"有趣的课堂"系列丛书形象巧妙地将深奥枯燥的课堂知识展现在读者面前，语言直白生动，知识丰富有趣，包罗万象。从历史到地理，从数学到化学，语文、生物再到物理，通过对各类课堂知识深层次的挖掘，用讲故事、做实验的方式从知识点阐述科学原理，培养孩子们热爱知识、充满好奇心的学习兴趣,使孩子们在探寻课本中好玩有趣的知识后,深刻领悟人类文明的精髓!

本丛书用孩子们喜闻乐见的图文结合的阅读方式重现课堂风采,通过绘声绘色的讲解,增长其见识、丰富其知识,增强他们的文化修养,并把阅读上升到一种快乐的状态。

快跟着阿乐一同去有趣的课堂吧!

目录

第一章　　　　古代人传递信息方法

第二章　　　原始的农耕生活

第三章　　　古代印章

第四章　　　古代的战争

第五章　　　　古代兵器

第六章　　　　历史揭秘

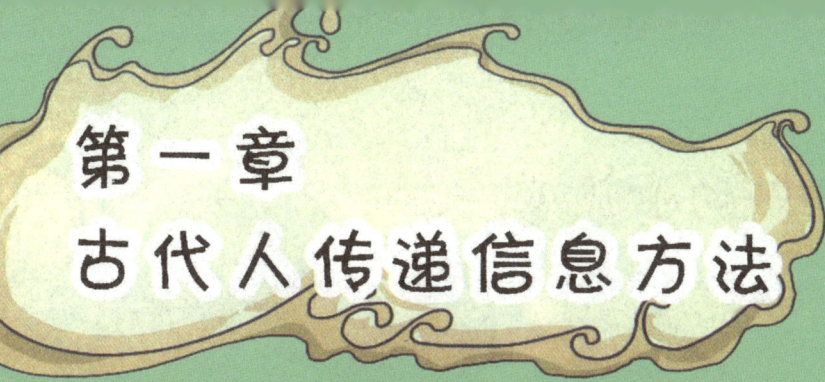

第一章
古代人传递信息方法

小朋友，你们听说过古代人是通过什么传递信息的吗？快和阿乐一起去了解下古代人的生活吧！

击鼓

古代最早传递信息的方法是击鼓。

鼓是我国传统的打击乐器，最早的鼓是用陶土烧制而成。

上古时代的战鼓，皆由鳄鱼皮制成，是取鳄鱼的凶猛习性以壮鼓声。到了周代，据《周礼·地官司徒》之载，已专门设置了"鼓人"来管理鼓制、击鼓等事。鼓人所管理的有各种用途的鼓，如祭祀用的雷鼓、灵鼓，乐队中的晋鼓等。其中，专门用于军事的，是一种两面蒙革的大鼓。此外，路鼓、晋鼓等也用于军旅，这些鼓以后发展为各种规格的战鼓，在军事上得到普遍地运用。

在非洲大地上，不管是传统音乐还是现代音乐中鼓都占有重要的地位。在古代，非洲人用圆木专门制作的大鼓声音可达三四千米，正因为如此，它成为了一种重要的信息传递方式。

击鼓传花的小游戏

第一步：准备大鼓、一根红布条、大红花等

第二步：大家围成一个圈之后坐下来，其中一个人拿着大红花。

第三步：击鼓的人用一根红布条蒙上眼睛，站在大家的中间。

第四步：蒙眼睛的人开始击鼓，拿着花的人开始传递花。

第五步：停止击鼓，大红花落在谁的手中，谁就开始唱歌、跳舞、猜谜和答问等很有趣的活动了。

小朋友，来做击鼓传花这个小游戏吧，让大家快乐起来！

击鼓传花的起源和历史

　　击鼓传花，是来自中国古代酒宴上的一种游戏，算是酒令的一种。它的另外一个名字就是"击鼓催花"，此种游戏出现在唐代的时候。在唐代《羯鼓录》一书中有这样的一段记载，李隆基非常喜欢击鼓，有一次他击鼓一曲之后，发生了很奇怪的事情，就是没有发芽的柳枝，意外地吐出了绿色来。所以人们都说"击鼓催花"。后来用作酒令，就把以前的名字改成了"击鼓传花"。

　　击鼓传花还有另一种表现形式，叫流觞。人们按顺序依次坐在岸边，把放有酒水的杯子顺水而下，当鼓声停止，杯子停在谁面前，谁就得喝酒吟诗。而流觞的典故来源于大书法家王羲之的一次大会宾客。

　　那年三月初三上巳节，晋代大书法家王羲之邀请了谢安、孙绰等一批亲朋好友来到兰亭修禊，之后就开始流觞游戏，吟诗作对。在这次

宴会上有十一人各成诗两篇,十五人各成诗一篇,其他没有成诗的被罚酒三觥。而王羲之则再次专做了他广为流传的"天下第一行书"——《兰亭集序》,同时得到了书圣的头衔。

国风·邶风·击鼓

击鼓其镗,踊跃用兵。土国城漕,我独南行。

从孙子仲,平陈与宋。不我以归,忧心有忡。

爰居爰处?爰丧其马?于以求之?于林之下。

死生契阔,与子成说。执子之手,与子偕老。

于嗟阔兮,不我活兮。于嗟洵兮,不我信兮。

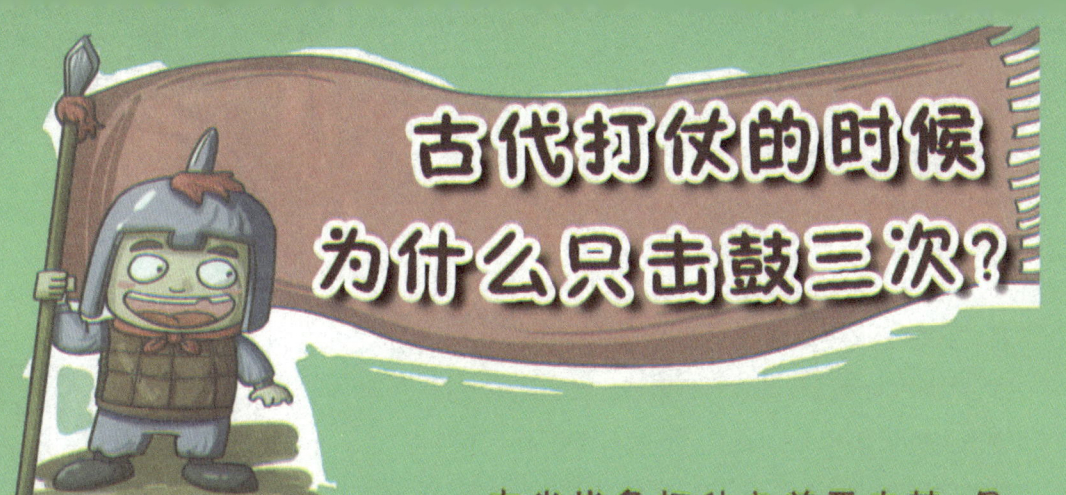

古代打仗的时候为什么只击鼓三次？

古代战争打仗之前要击鼓，是属于传统的礼节。周朝开始建立了礼乐制度之后，人们如果要做一件事情的话，会先把礼仪放在第一位，所以要击鼓三次。到了后来，在战争中击打三次鼓，逐渐成了规矩。假如在击打了三次鼓之后，还没有出兵的话，说明这场仗就不可以再打了。

到了春秋战国时期，开始废掉了这个规矩。人们也不按照礼乐的规矩去办事了。

击鼓骂曹

东汉末年，河北平原郡出了一位名士叫祢衡，他自幼饱读诗书，文韬武略样样精通，因能言善辩而远近闻名。孔融听说后非常赏识他，就把他拉来作为自己的幕宾，并极力向曹操推荐。对于曹操祢衡很是看不惯，觉得他是盗取汉朝江山的贼子，所以不愿在他手下当差，但又怕驳了孔融的面子，所以同意让其向曹操推荐。

祢衡在孔融的带领下来到许昌面见曹操。此时的曹操刚刚平定北方，志得意满，认为祢衡就是一个徒有虚名的角色而已，为了卖孔融一个面子就答应接见祢衡。

接见祢衡时曹操有意端起宰相的架子，并装作不晓得有他这号人物。看到如此气焰嚣张的曹操，祢衡也把他高傲的性格表现得淋漓尽致。为了羞辱祢衡，曹操给了他一个击鼓的差事，没想到祢衡竟然答应了。次日曹操设宴回请群臣，而祢衡就被要求击鼓助兴。

宴会开始，祢衡用力击鼓，在铿锵有力的锤击之下，鼓震轩宇、如万马奔腾般豪气冲天。曹操和大臣们都被鼓声吸引，纷纷向这边看来。这一看不打紧，可把曹操气坏了！祢衡赤裸着上身在那儿击鼓，甚是不雅。

祢衡说："我赤身露体，方显得我祢衡是个清白之人。"曹操就问："那谁是混浊之人？"祢衡道："那就是你曹操，你不识贤愚是眼浊，不纳忠言是耳浊，不读诗书是口浊，常怀篡逆是心浊。我祢衡乃天下名士，你身为丞相却将我用为鼓吏，难道不是混浊之人！"

这时张辽非要上去处死祢衡，被曹操制止，说此人竟敢如此说，表明他已有求死之心，直接杀了岂不是成全了他，并且还败坏了自己的名声。

曹操突然计上心头，早就想攻打荆州的刘表就是没有好的借口，刘表性高暴躁，而祢衡性格高傲，让祢衡去荆州劝降刘表，一怒之下的刘表不杀祢衡才怪，而出兵荆州又有了好的借口，简直是一箭双雕。曹操哈哈大笑说："我有书信一封，用来劝降荆州刘表，你可敢担此重任？"性格高傲的祢衡轻易被曹操的激将法战胜，带着信去劝降刘表，果不其然，盛怒之下的刘表杀了祢衡，一代名士就这样地死在了曹操的阴谋之下。

古时为何"击鼓鸣冤"

所谓击鼓鸣冤,在中国古代属于一种直接上诉的重要的方式。相传从西周开始,平民一旦被冤枉之后,就可以用击鼓的办法传递信息,帝王知道以后,就会马上出来接见。

从那时起,历朝各代,皇帝都将鼓设在宫的外面,鼓声将百姓的不平与冤屈上达朝廷。这种鼓叫登闻鼓,也叫做露鼓。在汉代的时候,有专人来管理。凡有人击鼓言事,所有人员都要提供方便,不准阻拦。

到了宋代,又开始建立了一套制度,当时有"理检司",开始换名字为"登闻院",它的任务就是管理那些击鼓鸣冤的事情。每件击鼓之后所上诉案件,都会交给皇帝来处理,一直延续到元明清时期。

坊间传说在汉高祖刘邦登基不久,其侄倚仗自己皇亲国戚的名头胡作非为。有一天在京城见到了苏小娥这个美丽的女子,色心荡漾之下就上前调戏,不料被扇了耳光,恼羞成怒的皇侄起了杀心,顺势夺过手下的齐眉棍就向女子身上招呼。可怜的苏小娥就要丧生棍下,杀出一个武艺高强的大汉救了苏小娥,在打斗的过程中误杀了皇侄。之后这些爪牙诬陷大汉并使其被判了死刑。为救恩公,苏小娥只有面圣,但面对守卫森严的皇宫面圣简直比登天还难,正在横眉冷竖的时候突然计上心头。次日苏小娥和妹妹拿着锣和鼓走到金殿门前用力敲鼓并大声喊冤,终于引起了刘邦的注意。

刘邦问清了来龙去脉后杀了小吏并放了大汉,这也给刘邦了一个启示,为了防止冤屈,每个官府大门都放一鼓,并规定钟鼓一响就要开始升堂。

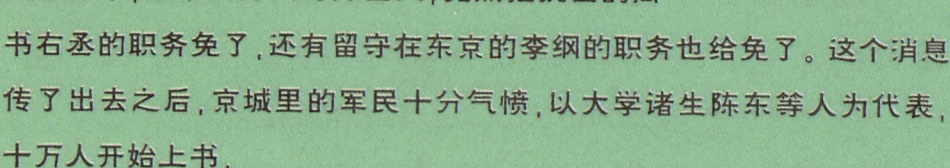

历史上最壮烈的一次击鼓

　　1126 年，历史上最有影响力的一次击鼓出现了。当时是金兵往开封打的时候，那时的皇帝是宋钦宗，他一听说打仗就非常着急。为了和平，皇帝只好去讨好金人，竟然把抗金的尚书右丞的职务免了，还有留守在东京的李纲的职务也给免了。这个消息传了出去之后，京城里的军民十分气愤，以大学诸生陈东等人为代表，十万人开始上书，

　　京城开始出现了整天的鼓声，鼓声里面有着全都城百姓的一切心愿，惊天动地。钦宗看到众民的激愤之情，思来想去，只好把李纲的官职给恢复了。

烽火台

　　烽火台又称烽燧,俗称烽堠、烟墩、墩台。在古代,人们用点燃烟火的方式传递重要的信息。它是古时候军事上的重要设备,为了防止外敌的入侵,在遭遇敌情时迅速点燃,台台相连,使得各路诸侯能够迅速起兵,保护大好河山。所以它是最古老也是最有效的信息传递方法。

　　在三千多年前,古人就是用烽火台来通信的。假如出现了敌情,就马上会有警报发出,如果敌情发生在白天,就要点燃一些柴草,这些柴草的里面掺有狼的粪,这样可以使浓烟直接升上云间。假如在夜间遇到敌情的话,就要点燃干柴,这些干柴里面加的有硫磺与硝石等,目的让火光非常的通明,借此来传递那些非常紧急的军情。

　　烽火台的建筑早于长城,但自长城出现后,长城沿线的烽火台便与长城密切结为一体,成为长城防御体系的一个重要组成部分,有的甚至就建在长城上。

在汉代的时候,烽火台叫做是烽堠(烽候)、亭燧;唐宋的时候,把烽火台叫烽台,并把"烽燧"也叫作烽火台;在明代的时候,一般情况下,就把它叫作烟墩,或者是墩台(西北明代的墩台,有御敌作用的是大的烽火台)。

在一般的情况下,烽火台之间相隔的距离为十里左右,明代的时候,有的距离是五里左右,当守在台上的士兵发现来侵的敌人时候,马上就在台上点烽火,信息就会很快传达到军事中枢部门。

烽火戏诸侯

烽火戏诸侯这件事情发生在西周时期，就让阿乐来给大家讲讲吧。

周朝末年，西周已经非常衰弱，再加上连年干旱、王城地震，彻底地把西周拖入了崩溃的边缘。正是国难当头，又碰上了周幽王这个荒淫无道的君主。

周幽王用了佞臣虢石父，变着法的对老百姓进行压榨式掠夺，进一步激化了社会矛盾。此时又发动对西戎的西征，却大败而回。一位忠臣拼了老命进行劝谏，正值周幽王的心情好就给了他一个无期徒刑。

褒国人敬仰这位忠臣，为了营救他，为周幽王进献了一名叫褒姒的美女。见到如此沉鱼落雁美人，周幽王早就春心荡漾了，马上封其为妃子，并释放了那位忠臣。褒姒虽然长得惊艳，但总是冷冰冰的，从未见其笑过。周幽王为了讨其欢心，所有方法都用过却没有用。这时虢石父为周幽王想了一个歪点子——点烽火。

古代烽火是在遇到敌袭后的紧急联络手段，关系着国家的生死存亡，重要性可想而知。为了防止犬戎的袭击，西周在骊山附近修筑了二十多座烽火台。为了博得妃子的一笑，周幽王听了虢石父的歪点子后点燃烽火。见到浓烟滚滚的烽火，各地诸侯以为犬戎来袭，马上带领军队赶往国都。

当这些人累得半死才跑到骊山脚下时一个犬戎的影子也没看到，得到的答案是周幽王和王妃为了取乐点着玩儿呢。这把诸侯们给气的，愤然离开。

看着呼之即来、挥之即去的诸侯们，王妃冷笑了。周幽王大悦，就重重赏赐了虢石父这个"有功之臣"。此类事情多有发生，经过几次后，诸侯们再也不相信烽火了。

此时周幽王对褒姒的宠爱已经到了发狂的地步，不顾西周初传下来的规矩废了申氏和太子宜臼，立褒姒为皇后，并下令攻打申侯家。听到消息后的申侯哪能坐以待毙，为了先发制人，联系西北的犬戎在公元前 771 年袭击了都城镐京。

当周幽王命人点燃烽火的时候再也没有诸侯来了。由于平日里周幽王对百姓的压榨和剥夺，没有一个人愿意出来替王上效命。不久城池就被攻克，周幽王和太子都在逃跑的过程中被杀死，至此西周灭亡。

烽火台的结构和应用

烽火台是很特殊的,在一般的情况下,它的构筑是非常独立的。也有例外,有的是三五个成犄角配置在一起,属于烽燧群。

在敦煌、居延的烽燧遗址中,发现了很简单的说明:"高四丈二尺,广丈六尺,积六百七十二尺,率人二百三十七。""广丈四尺,高五丈二尺。"从汉简中我们得知,在那个时候,大约有五六个人守着烽燧。燧长只有一人。平时的时候,有戍卒一人专门守望,还有一个人是做饭的,剩下的人是来修建与收集那些柴草(点烽火时用的柴草也包括在里面了)等工作。

建造烽火台的地点是在城墙之外，是属于单独一个土台子。在台子的四周再建造墙，上面设计了候卒在里面把守的位置。目的是用来对四面八方的敌人进行击打。

　　每个台和台之间的间隔距离是可以看见火光的。站在台与台之间可以遥望，也可以相互地呼应，直接就可以通往京城，从整体上来看的话，就好像是完整的一个通讯网。

　　早期的烽火台是建造在长城干线上以外。一般情况下可以分成三种：一种是在长城城墙的外面，沿着一个通道延伸到很远的地方，目的是监视和观测敌人的动向；还有一种就是在长城城墙的里面来建造烽火台使得关隘与镇所、还有郡县等相互的连接。这样组织队伍很快能及时地反击敌人，让战争更加的顺利。第三种就是把烽火台建造在长城的两边了。秦汉的时候，是把烽火台建造在长城上的，这样方便对全线戍边守兵进行快速的调动，以便迎接敌人，与敌人作战。而在早期的时候，烽火台还与都城相互的联系着，目的是方便向朝廷报警。

古代重要的通信工具 ——飞鸽传书

"会飞的邮递员"指的就是古代的飞鸽了。阿乐家也养了信鸽,鸽子为什么会送信呢?历经长途之后,为什么还能分辨方向,而且还能很快地飞回家去?

飞鸽传书和鸿雁传书都是一回事。这也是古代人最重要的联系方式之一。

在公元前 3000 年左右,埃及人最早开始利用鸽子传递书信了。中国是养鸽的古国,历史悠久。在隋唐的时期,我国南方等地已开始使用鸽子通信。

古代人的通信是非常的不方便,有一些聪明的人就想起用鸽子送,因为鸽子还有飞得很快、会分辨方向的优点,便开始对其进行驯化,目的是提高鸽子送信的速度。

古人的飞鸽传书，是这样的情形：有一天我离开了家，去外地上学或者是工作了，同时带着鸽子一起走。突然一天我有事，需要给家里的人联络，那么我就会把字条放在专门放信的工具里面，然后把放信的工具绑在鸽子的脚上，再放走鸽子。鸽子就会沿着来时候的路途重新返回老家。

因为鸽子对于地球的磁场是相当的敏感，恋家是它天生的优点，也就成为了大家公认的通信工具。

苏武牧羊

汉武帝天汉元年(公元前100年)，汉朝使臣中郎将苏武出使匈奴被单于扣留,他英勇不屈,单于便将他流放到北海(今贝加尔湖)无人区牧羊。19年后,汉昭帝继位,汉匈和好,结为姻亲。汉朝使节来匈,要求放苏武回去,但单于不肯,却又说不出口,便谎称苏武已经死去。后来,汉昭帝又派使节到匈奴,和苏武一起出使匈奴并被扣留的副使常惠通过禁卒的帮助,在一天晚上秘密会见了汉使,把苏武的情况告诉了汉使,并想出一计,让汉使对单于讲:"汉朝天子在上林苑打猎时,射到一只大雁,足上系着一封写在帛上的信,上面写着苏武没死,而是在一个大泽中。"汉使听后非常高兴,就按照常惠的话来责备单于。单于听后大为惊奇,却又无法抵赖,只好把苏武放回。

古代的"快递"

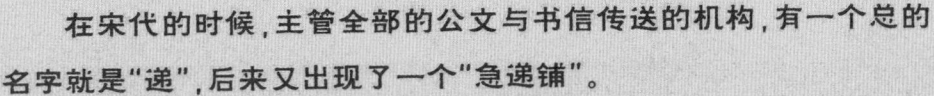

现代人的生活已经离不开快递了，阿乐也收到过快递送来的物品。那么，古时有快递吗？

在宋代的时候，主管全部的公文与书信传送的机构，有一个总的名字就是"递"，后来又出现了一个"急递铺"。

有铜铃系在急递的驿骑马领的上面，假如是白天，奔驰在道路上的时候，就会有鸣铃响起；假如是在夜里的时候，就会拿起火把高高地举起。撞死人的话，是不会负责的。每到一个铺就会换一匹马。经过几个铺之后，就会换人的。无论是刮风或者下雨，都要按时行程，没有休息时间，也就是白天和黑夜不停地赶路。

大约是在唐朝的时候，民间通信组织就渐渐地形成了。随着社会经济的发展，民间为商人服务的"驿驴"就出现了。

南宋有一位抗金将领岳飞，正在前线抗敌，但宋高宗用十二道金牌把他从前线召唤回临安。这样的金牌来自急递铺，是专门用来传递十万火急的事情的。

明代的时候，还沿袭旧制，但这时海上交通渐渐地发达起来。当时有郑和七下西洋，出现了海上邮驿。

在清初期，出现了官办驿站，大概有 1600 余处；驿卒也不少，大概有七万余名；还有驿马，大概是四万多匹，这些全都属于兵部主管着。

　　到了 19 世纪中期之后，在驿站所收到的经费，大部分都被官吏贪污了。

　　清朝末年的时候，开始出现了近代的邮政，它逐渐代替了驿站的位置。1913 年 1 月的时候，北洋政府做出了新的决定，就是把所有的驿站撤销掉。

第二章 原始的农耕生活

男耕女织

　　"你耕田来我织布。"这可算是农耕文明的鲜明写照,是农耕文化形成的基础。小朋友,快和阿乐一起去体验下古人的农耕生活吧!

　　农耕文化起源有"男耕女织"之说，它不仅是指早期的劳动分子，也是农耕文化形成的基础。人们的活动以男耕女织为中心。

　　男耕女织是农业与手工业结合的小农经济的主要特色，家家种植桑麻，农妇养蚕、缫丝、纺织布帛是农村中普遍的现象。

　　田园生活在中国古代是一种进可攻、退可守的生活方式，如孔明的茅庐生活是为了刘备的三顾，而陶潜的归隐是对时局的退避。

伏羲氏教会人们
捕鱼熟食

　　伏羲氏是我国古代神话传说中的圣贤，是著名的"三皇"之一。

　　古史上又称其为庖牺氏或宓牺氏。《三皇本纪》称"养牺牲以供庖厨"，是说他教给人民畜牧以供厨下的肉食。《周易》又载庖牺氏"作结绳而为网罟，以佃以渔"。唐代史学家司马贞把这两个记载结合起来："结网罟以教佃渔，故曰宓牺氏；养牺牲以庖厨，故曰庖牺。"是把教给人民结网打鱼和驯养禽畜的功劳全归在伏羲氏一人身上了。

游牧文明

　　游牧文明产生于狩猎和游牧生活。当狩猎成为人类祖先一种占主导地位的生活方式时，游牧文明的特点开始形成，与农耕文明的差异正式展开。从文明发展的路径看，它与农耕文明分道扬镳了。

　　大约在公元前 5000 年左右，欧亚大陆的中部——中东的游牧民族开始出现驯养的骆驼和驴子。他们就是靠这种"马拉战车"新式武器，以"落后"战胜了"发达"文明。据认为，马最先出现在公元前 2500 年的中亚地区。经过几个世纪的反复人工饲养，马的形体增大，体力增强。后来发展出能够载动全副武装的骑兵的高大战马。

　　马的驯化成功，对游牧文明的发展起到了巨大的促进作用。有了马，游牧民族的生活方式就基本确定下来，游牧文明的特色便基本确定。游牧文化的积累主要依靠口耳相传，游牧文明的习俗同样表现出相当强的生态保护意识。

河姆渡人的文化生活

　　1973 年浙江余姚河姆渡村人兴建排涝站时，发现地下有不少木头，河姆渡遗址就这样被发现了。这个遗址共有四个堆积层，时间跨度约为距今 7000~5000 年间。那时候，余姚一带的气候比现在更加温暖湿润，离海也更近，犀牛骨、象牙及金枪鱼、鲨鱼骨头等可以为证。

　　这里还发现了大量的骨耜、木耜等农具，更重要的是发现了稻谷堆积层，这改写了水稻的种植历史。在一块陶器碎片上发现有精心刻制的稻穗图案。河姆渡出土的骨耜，是中国目前发现的最古老的骨制农具。向今天的人们呈现出这样一个事实：河姆渡人，已经脱离了刀耕火种的耕作方法，进入了耜耕农业阶段。

　　遗址还出土了大量的茨实等采摘物，也有成堆的兽骨鱼骨，说明渔猎和采摘，仍然是重要的食物来源。在木屋外还发现了一些野茶树根，这可以证实那时人们开始食用茶叶。

  人们在河姆渡遗址中发现了陶轮、骨针,还有残存的绳子、苇席。这证明了河姆渡时的人们已经学会了纺织。

  陶器是生活中最需要的,河姆渡的陶器以夹炭黑陶为特色,包括一些设计精巧、能在屋内使用的小陶灶。考古学家还发现了一些骨质、石质的箭簇,还有石质的弹丸,这也证明了河姆渡时期的武器不先进。

河姆渡文化是分布于中国浙江杭州湾南岸平原地区至舟山群岛的新石器时代文化,其年代大约在公元前5000年到公元前4000年间,因以浙江余姚河姆渡村遗址发掘最早,故称作河姆渡文化。

　　河姆渡人已经开始追求精神生活。骨笛、陶埙、可以用作鼓的木筒说明音乐是生活的一部分,木筒上还有迄今最早的使用漆的痕迹。稚嫩的陶塑与雕刻已经出现,一件双鸟朝阳纹象牙碟形器被当做河姆渡的象征图案。墓葬是研究古人精神世界的一个重要窗口,在河姆渡出土了一具屈肢葬遗骸和若干瓮棺葬遗迹。

　　在人工制品上，石器数量较少，主要是斧等打猎工具，亦有较少的
装饰品。多的是木器和骨器，其中发现中国最早的木制饰品"木雕鱼"，
其他包括木柄骨制的耕田用具耜和刀铲等切割器具，亦有大量纺织工
具。在河姆渡出土了中国境内发现最早的漆器，其陶器制作有一定的水
准，估计最高烧成温度达 1000 摄氏度。

　　这是一个两三百人左右的村落。人们住在干栏式的木建筑中，在没有金属的时候，这些木建筑就开始使用榫卯结构了。从住宅营建看，河姆渡人已较熟练地掌握伐木、加工成桩、柱、梁、板等建筑构件技术，梁柱间已用榫卯接合，地板用企口板密拼，不同榫卯形式均基本符合受力要求，与晚期木构大致相同，木构件上刻有双圆、直线、斜线、植物茎叶等装饰图案。

　　因工具限制，加工显得较粗糙。但已揭示出 7000 年前先民已较熟练掌握房屋建筑技术，为中国古典建筑木结构技术对世界建筑史的独特贡献奠定了基础。

　　河姆渡是今日姚江边上的一个小渡口，但是姚江却是河姆渡文化的终结者。5000 多年前，这条河流改道从此流过，洪水彻底毁灭了河姆渡人的小村落。

半坡人的文化

阿乐来到陕西西安的半坡村遗址参观。在这里，人们发现了半坡人制作的大批彩陶。

半坡人距今有 7000 年的历史。是我国彩陶文化历史较早、特点突出、影响较大的一个类型。半坡彩陶的遗址，在河流的岸边，因而半坡的彩陶有汲水尖底瓶、葫芦、长颈瓶，另外还有盆类、罐类，与今天的盆罐大体相似。

半坡纹饰的形象可爱，表现了人类童年的天真稚气和与自然的亲切关系。仔细体味，有人与自然融为一体的感觉，可以说是半坡人原始生活的记录。

纹饰形象主要描绘了当时人们接触的动物，有奔跑的鹿、鱼纹、人面纹、蛙纹、鸟纹、猪纹以及由以上纹样两种或三种组合的纹样，也有一些单纯的几何纹样如折线纹、三角纹、网纹等。

半坡多种器物都有符号，笔画均匀流畅。同类符号在关中地区其他遗址中多有发现。从其形状看，同殷商甲骨文十分相像，二者都出现于中国北方中原地区，只是时间有别。

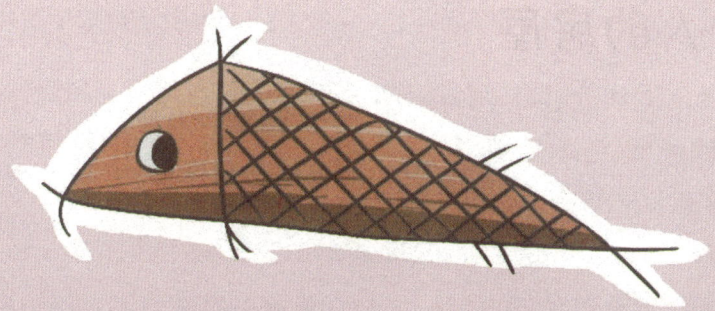

　　这些彩陶或写实,如游动的鱼,奔驰的鹿,应是他们渔猎的写照,艺术不可能是无源之水无本之木,当然,也会寄托着希望捕获更多的鱼和鹿的心愿;或审美,彩陶图案多在陶器外壁上部,图案逼真,笔画流利疏朗,显然具有装饰作用;或象征,如人面鱼纹图案,人面涂彩,口部衔鱼、三角头饰。

　　彩绘中,鱼纹形象很多,表现手法也由简单而逐渐丰富,是寓人于鱼,还是寓鱼于人?抑或人鱼合为一体?

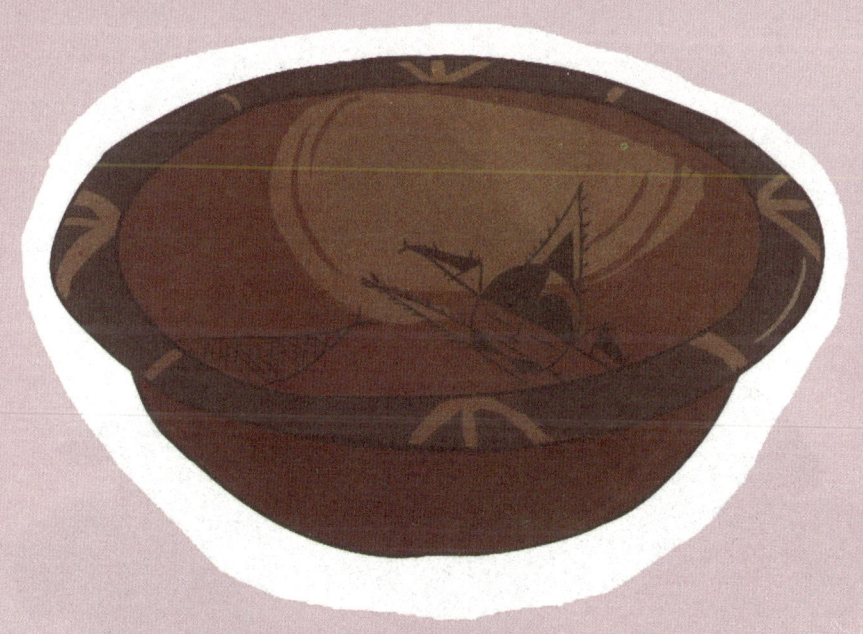

半坡人的房屋

　　半坡人居住的地方,用今天的话,应该叫半坡村。无论是方形的还是圆形的房屋,多为半地穴式,而且以小屋居多,大屋仅一座,位于中央,小屋围大屋而筑。这种环形布局,不会是无意识的。

　　半坡遗址上,有很多柱洞,其建筑应是用树木枝和其他植物的茎叶再加泥土混合架构而成的。这些今天看来实在是不起眼的"马架子窝棚",却是7000年前先民的杰出创造,是中国土木合构的古典建筑的发端了。穴居日久,容易"下润湿伤民",人们便就地取材,铺茅草、皮毛甚至烘烤地面。屋内设有火塘,但无烟道,一旦失火,就得重新搭造,何等艰难的生活!

既然是处在母系氏族阶段,每个小房子,似应住着过婚姻生活的妇女以及不确定的来访的其他氏族的男子,当然,也会有男女相对稳定的对偶婚,但绝不是后来的一夫一妻制。依附于母系大家庭内,子女只知其母,不知其父。最受尊重的"老祖母"或另外多族的首领住在大屋子里,同时也是老年、孩子的集体住所。在半坡村里,人们过着生而平等相安无事的原始共产主义生活。

我国是世界上最早种植粟的国家

　　在半坡遗址中,发现了当时人种植的粟类。粟,即我们常吃的小米。在半坡氏族聚居的一个窖穴中,仅粮食腐朽后的谷皮,就有数斗之多。还在一个小的陶罐中,保留下完好的粟种皮壳。

　　除半坡外,在陕西宝鸡的北首岭、华县的泉护村的原始遗址的窖穴、房屋和墓葬中,也都发现了粟的皮壳。这些遗址年代距今六七千年左右, 学术界由此断定,"我国是世界上农业发达最早的国家之一,并且是一个最早产粟的国家"。此外,在半坡遗址中出土的部分农具,也可以旁证。如半坡人用的割谷穗用的刀子,有长方形中腰穿孔式,有翘角式梯形刀子等等,都是种粟文化的典型工具。

　　我国种粟,始自陕西一带,在古籍记载里也可以找到证明。比如,神农之时天雨粟,神农遂耕而种之。《春秋说》亦有"炎帝号大庭氏,下为地皇,作耒耜播百谷,曰神农"的说法。神农氏或炎帝,史称姜姓,而姜

姓部落的最初活动地区,正是在陕西宝鸡一带的渭河南北岸,后来又发展到华山一带。

关于稻的种植,在浙江余姚河姆渡遗址所发现的籼稻和粳稻最能说明问题。考古学界已经证明,河姆渡文化是离现在七千年前我国南方的典型文化。河姆渡遗址里所发现的稻谷和堆积很厚的稻壳,充分说明了我国长江流域是世界上最早栽培水稻的主要地区之一。

从古文献上,我国最早栽稻,有更为丰富的证明材料。殷墟出土的甲骨文中,便发现有"稻"字的记载。更为可靠的《史记》,也记载着黄帝(离现在四五千年前)栽培黍、稷、稻等五种谷类以及大禹、后稷、伯益教民在低湿地区种稻的传说。

这说明至少四五千年前,我国水稻不仅在南方种植,而且已经扩展到黄河流域了。

半坡人与河姆渡人的差异

　　半坡人修建的房屋是半穴居房屋,一半在地下,一半在地上,适应了北方干燥寒冷的气候特点。

　　河姆渡人修建的房屋是干栏式的房屋,以桩木为基础,具有通风防潮的功能,适应当地潮湿闷热的气候。

半坡人与河姆渡人的生产和生活有什么异同？

相同之处：都处于大致相同的社会发展时期，即原始时代后期；都以农业为主要经济形态，兼有饲养、渔猎、采集等经济活动；都会建造房屋和使用磨制石器、陶器等。

不同之处：处于不同的地理环境；种植的农作物不同；建筑居住的房屋不同；制作的陶器艺术风格不同。

大汶口的父系氏族社会

　　大汶口遗址属于新石器时代晚期父系氏族社会遗存，它的发现揭示了大汶口文化时期当地居民的生活形态，为山东地区的龙山文化找到了渊源，也为研究黄淮流域及山东、浙江沿海地区的原始文化，提供了重要的线索。

　　大汶口位于泰山南麓磁窑镇和大汶口镇的汶河两岸，被考古界命名为"大汶口遗址"。后来，又在山东境内及江苏、安徽北部和河南东部、河北南部、辽东半岛相继发现了与此同类型的遗址，被学术界命名为"大汶口文化遗址"。

　　大汶口遗址的文化层堆积，历经近 2000 年的历史，早期属于母系氏族社会末期向父系氏族社会过渡阶段，中、晚期已进入父系氏族社会，阶级社会的萌芽业已出现。

黑陶和白陶

　　黑陶和白陶是大汶口文化中晚期制陶业中出现的两个新品种,反映了当时制陶工艺的显著进步。这时采用的是高温下严密封窑技术,使陶土中的铁元素得以还原,有的还在陶土中掺过炭,因此烧成的陶器多为黑色。

　　白陶用高岭土制造,制造时基本保持了陶土的纯洁。白陶的出现有重大的意义,它为以后瓷器的制作奠定了技术基础。白陶上有的还有图案花纹。

　　此外,还有许多彩陶。

贫富分化

家猪是大汶口氏族家族的一种重要动产。有一些大汶口墓葬里随葬有很多猪头和猪的下颚骨,应是墓主人生前的私有财产。此外,随葬的私有财产还有陶器、生产工具和各种装饰品等。

私有制的产生和发展,在氏族内部出现富有者和贫穷者。大汶口文化中晚期的墓葬,清楚地反映了这种演变。从墓的规模看,有大墓和小墓的差别。从随葬品来看,差别更加悬殊,有两组墓葬可以对比:一组7个墓,随葬品比较丰富,最多的达77件,最少的也有19件,都包括陶器、玉石器、猪头等;另一组4个墓,随葬品很贫乏,总共只有17件,为陶器、纺轮、獐牙等。可见贫富分化已经十分显著。

第三章
古代印章

印章　小朋友,你们知道印章的来历吗?让阿乐带小朋友一起去了解古代印章,阿乐还能自己制作各种各样的印章哦!

印章的起源

　　从雕刻文字出现时,印章的雏形就出现了,比如殷朝的甲骨文、周朝的钟鼎文、秦朝的石刻文等。这些以金、铜、玉、石为媒介的文字统称为"金石",而这些印章(古代称之为玺印)则属于金石里的一种。

　　早期印章只是作为商业交流中的一种凭证。自从秦始皇统一了六国之后,印章变成了皇权的象征,被其牢牢地把握在了自己的手中,成为了统治人民的工具之一。

　　说起印章,就要提一下战国时期的苏秦。

　　苏秦是东周雒阳(今河南洛阳)人,虽出身农家,但素有大志,曾经跟随鬼谷子学了一身的本领。出山后就去了秦国,想去推销自己的一套治国之道,但失败了。功不成名不就地回家了,遭到老婆的白眼和嫂子的鄙视。苏秦在家闭门不出,把老师教的东西又重新细细地学习了一番,终于悟出大道,准备一雪前耻。

苏秦自信满满，开始从燕国入手，并取得了燕昭王信任。之后在燕昭王的任命下进入齐国，最终靠着三寸不烂之舌获得了齐、楚、燕、韩、赵、魏的相印，统领六国联军共同对抗秦国。此时的他可谓是达到了事业的巅峰，手拿六国相印权倾盖世。但因为六国内部的勾心斗角，最终被秦的反间之计破坏。齐、魏共同伐赵，苏秦被迫离开赵国，合纵瓦解。

在秦之前，不管是官印还是私印，都叫做是玺。

可是等到秦把六国给完全统一之后，专门把皇帝的印叫做"玺"，臣民的只能叫做"印"了。

在汉代的时候，有的诸侯王与王太后也把它叫做"玺"。唐朝的时候，武则天感觉"玺"和"死"的发音很接近，而且和"息"是同一个音，遂把它改成了"宝"。

唐到清的时候，一直同时用着"玺"与"宝"。

汉将军的印还有个名字就是"章"。后来经过历史的演变，有了很多的名字。比如印章、印信、记、朱记、合同、关防、图章、符、契、戳子等。

秦汉时的印章，是把印盖在封泥的上面，目的是预防一些人悄悄地把它拆开。后来变得简单了，就开始用纸帛，封泥就不用了。

印章还用在书画题字上等，慢慢地成了我国特有的艺术品之一。

印章上的字

隋唐时期,在印章上采用的是篆体阳文。印上的文字讲究对称。纵与列的字数都一样的。在隋唐之前,主要是小篆阴文为主,印文的排列很不整齐。

假如官府机构名称出现单数的话,就在"印"字的前面加一个"之"字,这样出现的字是成对的。

有的字的笔画很少,在入印篆写的时候,把笔画少的字变得曲折一些,或者是把字变弯转等,那么就出现了九叠篆,这样的话,印文看起来就非常的对称,美观大方。

印章经过发展,到了秦汉时期被定下了一种标准,即秦汉印风。随着历史的发展,印章并没有像战争多如牛毛的南北朝一样发展得五花八门,依旧是古老的式样。

当九叠文出现时,官印垄断的地位开始出现了动摇,随着明清时期文人们的篆刻之风出现,彻底掩盖了官印的风采。官印在角落里黯然神伤,但它所拥有的权力和能量并没有消减,只是外形被掩盖了。

古代印章是什么材料做成？

古代印章的材料很多，比如用金、铜、银、玉、琉璃等。后来，印章的材料范围更广了，如牙、角、水晶、木等。到了元代之后，用石头刻成的印章非常流行了。

古代印章上雕刻有什么文字？

在中国古老的印章上，雕刻的文字是殷的甲骨文，周的钟鼎文，秦的刻石等。

官印

官印它象征着权力,也就象征着当官的职掌,或者是政府机构的行使权力,它有着很特别的用途。

在古代的时候,一个人的官印很大,证明这个人的官职是很高的,权力也很大的。

御宝的尺寸是等级最高的。与皇权的三师三公亲王尚书令印相比的话,在两倍以上,这就证明皇上的权力是最高的。

官印的分类有哪些？

你知道官印都有哪几种吗？它有很多种，自上而下分有皇帝的御宝、玉玺、金宝，军事机构军官官印、低级机构之印，各级朝官官印、地方行政官印、各级机构品官官员之印，诸侯割据政权印、少数民族政权印、农民起义政权之印。

你知道皇帝的御宝大致有几种吗？

在古代，皇帝的御宝分为两种：金、玉。

自秦代开始玉石成为了镌刻印章的承载物之一，但这样的材质只能被帝王享用。不只是材质有所限制，连同称呼也有明确的划分，比如帝王或太子使用的就叫做国玺、御宝；而诸侯使用的只能叫做印；秩卑者使用的则曰铃记，其制度非常森严，直到清朝末年为止。

私刻玉玺时代

秦始皇建立统一的秦王朝后，为证明自己正统的身份，命人制作了传国玉玺。从此之后历代的帝王无不把传国玉玺作为自己权力的象征。随着战争的不断和朝代的更替，传国玉玺落入了各个掌权者秦王子婴、刘邦、王莽、曹植等人的手中。

到了西晋末年社会动荡不安，各地诸侯并立，朝代的更替非常频繁，每个称王称帝的都想用传国玉玺来证明身份，但其只有一个，无奈之下这些诸王们开始私刻玉玺，以此来证身。此时的玉玺简直如砖头瓦片一样不值钱。直到隋朝统一全国后这些私刻的传国玉玺才被全部没收，而真正的传国玉玺则被牢牢地掌握在皇室的手中，被封为至宝。唐代，隋的玉玺落入李家的手中，直到唐末帝李从珂抱着传国玉玺在玄武楼自焚为止，传国玉玺开始下落不明。

纽

你知道在秤、官印等器物上,会提起或者是系挂的部分是什么吗?它就是纽。在瓜果上面,刚结的果实也属于纽,它是瓜纽儿。我们这里要说的是官印纽。

初期官印纽的样式非常简单,随后为了政权的需要开始变得越来越复杂;经过了很长一段时间之后,官印纽的式样又开始化繁为简,使得它看起来简洁、大方、美观而又不失皇权威仪。

最初的纽有鼻纽与瓦纽。可以把绳子系在上面,随身携带。后来纽的样式很多,比如螭、虎、狮、鱼、蛇、龙、龟、驼、马、牛、兽等多种纽式。而在皇帝的御宝上用的是螭虎纽。少数民族官印上用的是驼纽。

但从宋代开始起,御宝的纽式开始改变了,把以前的螭虎纽,改成了盘龙纽。后来御宝全部用龙纽,一直延续到清末,官印纽式也变得简单了,也就是橛纽与柱形纽。

铜印纽式分为几类？

铜印纽式分为三类：兽纽、鼻纽、龟纽等。

1.兽纽

在西汉的时候，虎纽是非常流行的。在东汉的时候，辟邪纽十分流行。除了这些还有楔形纽与带勾纽，还有圆形的无纽印章。

2.鼻纽

汉初的时候，有的鼻纽私印的背面是非常的平，而且纽还很小；可是有的背面有台，像是坛的形状一样，所以那时候的人们就把这样的纽叫做是坛纽。文景以后，坛形鼻纽印逐渐消失，武帝至东汉时期，鼻纽印背面均无台，纽面加宽，跨度加大，有的印纽两端立于印背中央，呈覆瓦状，后人称瓦纽；有的印纽两端铸于印背边缘，呈桥状，后人称桥纽。

3.龟纽

小小的龟纽在文景时期就悄悄地出现了。它的形状像乌龟的身子一样是平的，露在外面的是龟的头。

可是到了武帝之后，有了改变。龟是直立的形状，头向上微微地抬起，背部像是驼背的老头，龟甲大部分是六个棱，重复的环绕纹，从制作上来看的话，非常的精细，看起来像是真的一样。

西汉私印

　　中国汉代时期私人印章也特别的多，这些印章是当时人们在社会交往的一个信物。印章上刻上自己的名字或者刻着别人的名字，相较于其他时期，西汉私印有以下特点：

　　1.西汉的私印数量非常的多。

　　2.西汉的私印上的文字，还有材料，包括制作的方法与西汉的官印看起来很相似。

　　3.西汉的私印外形非常地好看，小巧玲珑，很有艺术欣赏的价值。

　　西汉私印种类特别多，大体可分为三大类：名字印、吉语印、肖形印。其中名字印特别广泛。

　　而西汉人的姓名印章一般是用纽式，玉印基本上都是斗纽。

私印细分

姓名字号印：印文是所刻章人的姓名，字或者号。汉人的名多是一字，其三字印，没有"印"字的即为字印。现在的人也有以自己笔名刻印章的，就属于此种类型。

斋馆印：古代人有的以自己的房予名称为印，如"清风阁""端居室"等都为此类。

书简印：印文在姓名后加"启事""白事""言事"者。今人有"再拜""谨封""顿首"者。而这种印章主要是专门供书信之间的来往所用。

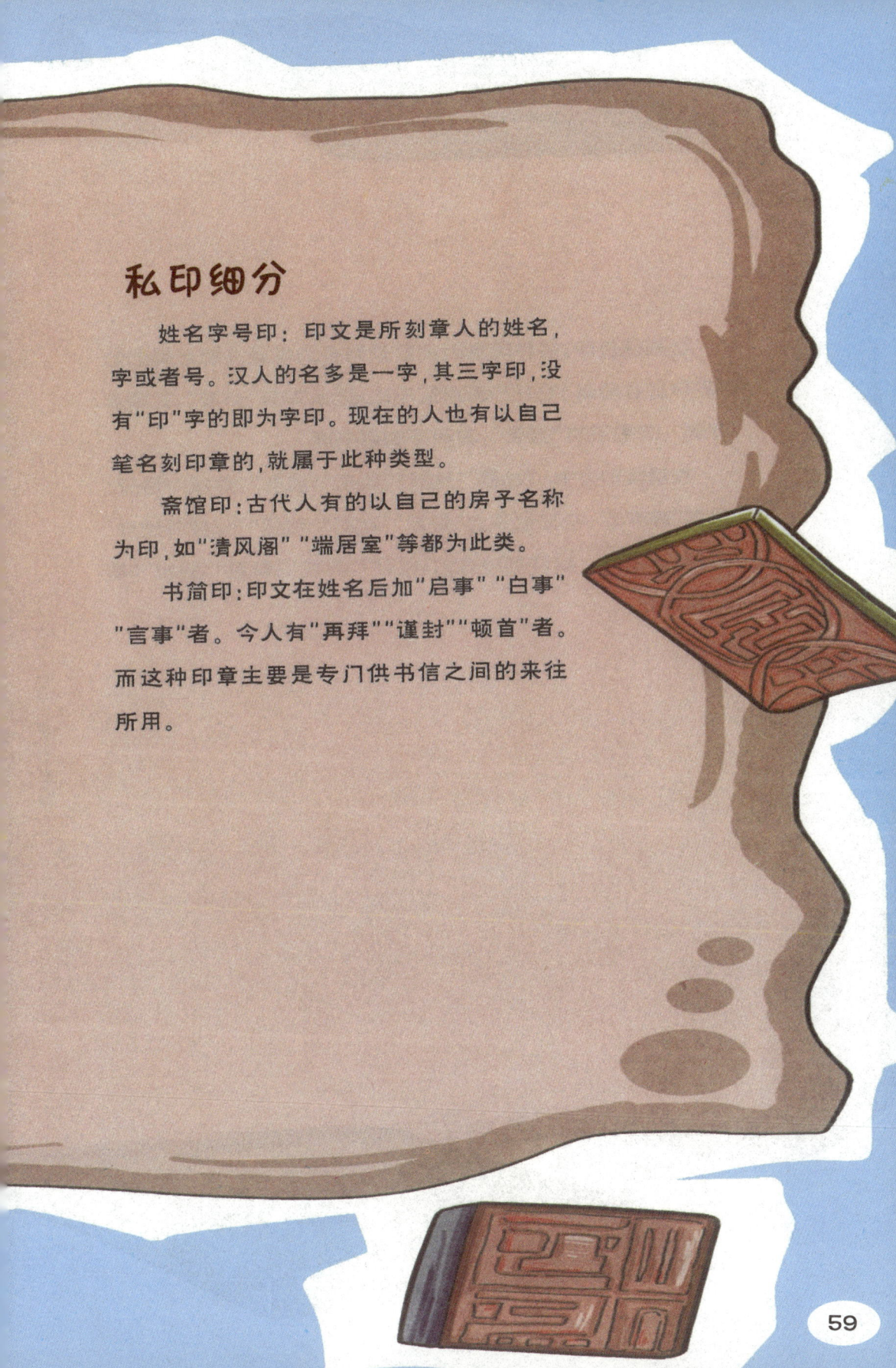

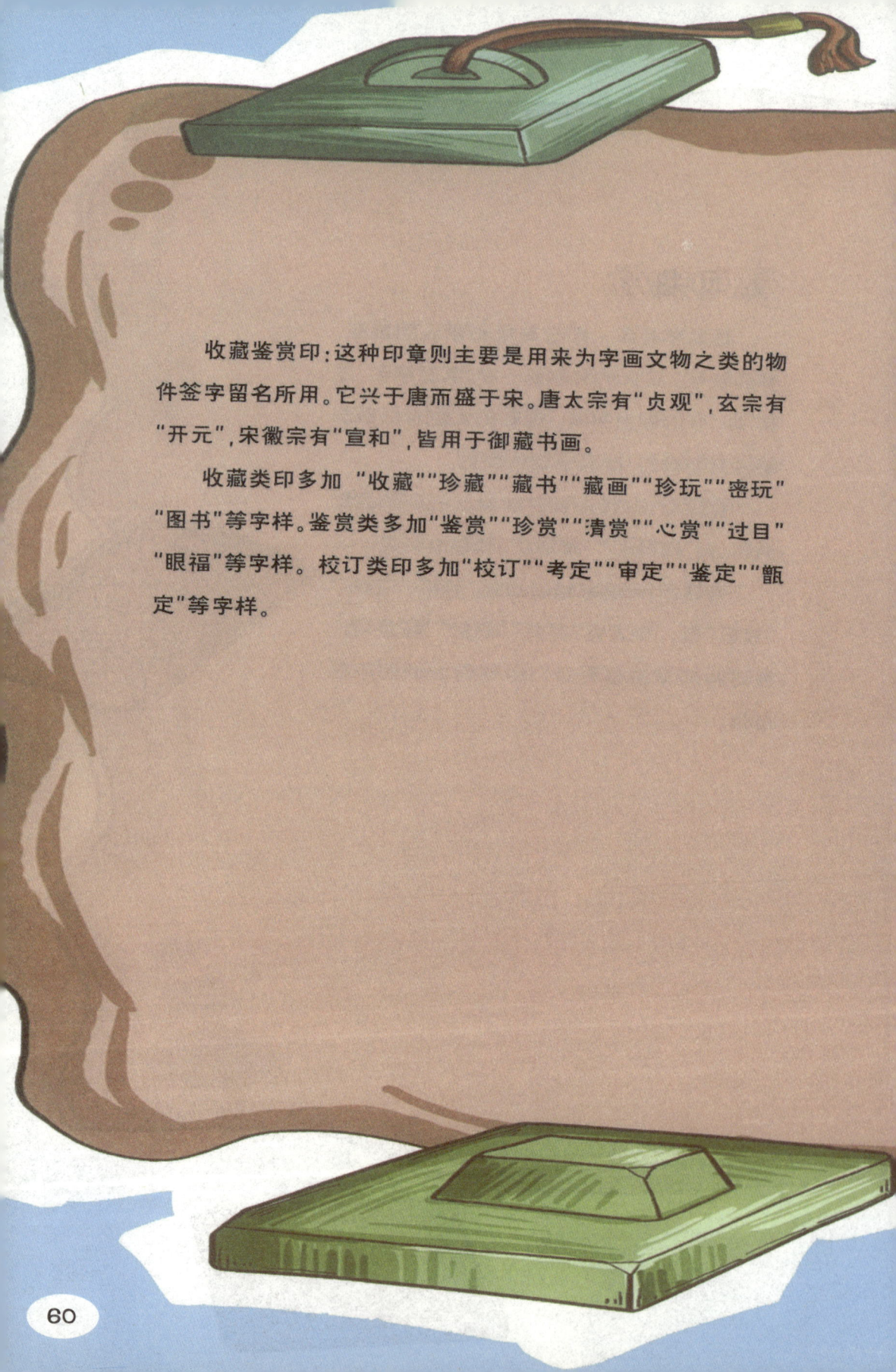

收藏鉴赏印：这种印章则主要是用来为字画文物之类的物件签字留名所用。它兴于唐而盛于宋。唐太宗有"贞观"，玄宗有"开元"，宋徽宗有"宣和"，皆用于御藏书画。

收藏类印多加"收藏""珍藏""藏书""藏画""珍玩""密玩""图书"等字样。鉴赏类多加"鉴赏""珍赏""清赏""心赏""过目""眼福"等字样。校订类印多加"校订""考定""审定""鉴定""甄定"等字样。

印章演变历史

秦汉印风

鸟虫书法用在很少的印章上边,隶书仅出现在陪葬的石印上边。

创新隋唐

进入隋唐之后印章的制度和风格进入了一个新的历史阶段。随着纸张的出现,竹简逐渐退出了历史舞台,用于竹简上边的秦汉小印章(秦汉一寸,现在的 2.3 厘米)一下子就增加到了隋两寸(5.4 厘米),以前是直接佩戴在官员身上的,随着印章的变大,不便于携带,所以把先前以官员名为主的官印变成了以官位为主的印章。

唐代公章

　　到了唐代后出现了"宝记""朱记"等新型的印章名称。此时又出现了新的印章种类，如书法类、斋馆类等。

宋代演变

　　到了宋代官印沿用五代时的旧印印式，但为了区别开来，在新铸的官印上边嵌入了"新"或"新铸"字样。并且固定官员权力的大小和印章的大小等同。在印章上也有所改动，印章的边缘在逐渐增大。不同于隋唐的是：在新铸的官印上边分别铸有年份。

北方少数民族政权

两宋时期北方出现了辽、金以及灭亡了宋朝的元等政权,他们也有自己的官方印章,在官印方面大量吸收和借鉴了宋朝的官印制度。西夏是本国文字——西夏文;辽、元官印有的是用汉文,有的则是用契丹文或八思巴文;而金朝则全部用汉文进行镌刻。

明清公章特点

明清时期的皇帝、王府则用玉箸篆玉印,逐渐瓦解了自隋唐以来的九叠文为主的公章篆刻。到了明代,印章的直纽由两宋的方形板状变成了上小下大的椭圆柱状,并加高了三寸,俗称印把子。

清代随着等级制度的森严,百官的印章也规定的十分严格,大小、尺寸、材质都非常的考究,印章的尺寸整体增大,而镌刻的文字有玉箸篆、悬针篆、柳叶篆、芝英篆,九叠文逐渐被取代。

现代

印章的材质大部分用化学材质制造而成,所用来刻章的文字也比较自由,根据自己的喜好、职业、用途等看情况而定。

印章的形状有三种：正方形、长方形、圆形。正方形印章边的长度一般在12~23厘米之间。

古代最有价值的印

传国玉玺或传国玺为中国古代皇帝的信物。相传秦始皇在统一六国的过程中获得了一块和氏璧，将其雕琢为传国玉玺，让大丞相兼书法家李斯在上面写了"受命于天，既寿永昌"八个虫鸟篆字，并让当时的第一玉工孙寿进行雕刻。自此之后历代王朝的皇帝都以拥有传国玉玺为正统的象征。

我国四大印章石

了解了这么多印章知识，阿乐萌生了给自己也刻一方印章的念头。可用什么材质的好呢？快来帮帮阿乐，看印章都用什么石雕刻。

我国传统的印章石有四大名石，它们分别是：

福建寿山石

寿山石分布在福州市北郊晋安区与连江县、罗源县交界处的"金三角"地带。以矿脉走向，可分为高山、旗山、月洋三系。旧说的"田坑、水坑、山坑"，就是指在此矿区的田底、水涧、山洞开采的矿石。经过1500年的采掘，寿山石涌现的品种达百数十种之多。

浙江青田石

青田石产于浙江青田县。青田石的石性、石质和寿山石不大相同。青田石是青色为基色主调，寿山石则红、黄、白数种颜色并存。青田石的名品有灯光冻、鱼脑冻、酱油冻、风门青、薄荷冻、田墨、田白等。

浙江昌化石

昌化石产于浙江省临安昌化镇。昌化石具油脂光泽，微透明黄黑双色，极少数透明，大部色泽沉着，性韧涩，明显带有团片状细白粉点。按色分有白冻(透明，或称鱼脑冻)、田黄冻、桃花冻、牛角冻、砂冻、藕粉冻(为主)等，均为优良品种，鸡血石是其中的佼佼者。

内蒙巴林石

巴林石产于我国内蒙古自治区赤峰市的巴林右旗。巴林石的分类命名，基本上采用传统印章石的品名，但也不乏自己的名分。巴林石大体上可分为鸡血石、福黄石、冻石、彩石。

有趣的果蔬印章

夏秋之季，会有很多的蔬菜、水果上市。它们除了可以吃之外,还可做个有趣的印章。不信的话,阿乐带你一起来做有趣的果蔬印章吧!

第一步:准备材料。自己喜欢的水果、蔬菜,比如苹果、芹菜、红色或绿色的颜料、一些纸张、小刀。

第二步：把苹果从中间切开，拿起一半苹果然后蘸上颜料。

第三步：把蘸好颜料的半个苹果印在纸张上。

第四步：拿起芹菜头，蘸上颜料。然后印在纸张上，印成一个花形，很漂亮的。这样一张好看的印章花纹就出来了。

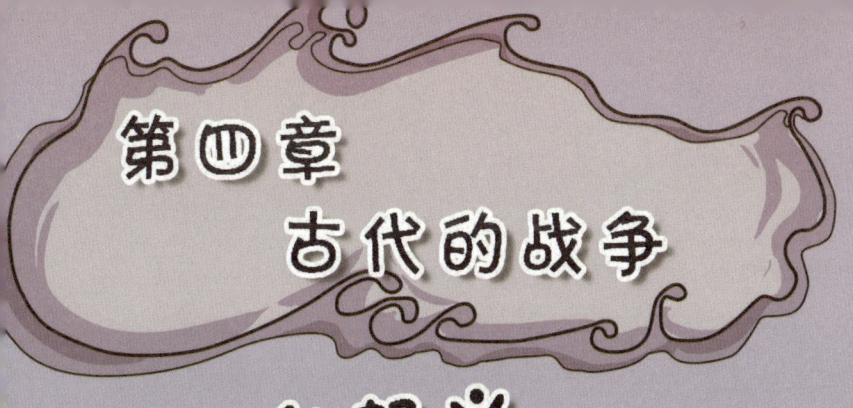

第四章 古代的战争

大泽乡起义

　　小朋友,你们了解我国古代的战争么?来吧,让我们和阿乐一起去了解!中国历史上第一次农民起义发生在秦朝末年,由于朝廷的暴政、人民的疾苦再加上天灾来袭,无法生存的广大劳动人民在陈胜、吴广的带领下于大泽乡揭竿而起。

　　秦始皇在统一了中国后为了防止匈奴的入侵,决定在北方边界建造一条工程浩大的长城。先征调了 30 万的士兵和几十万的农民;为了开发南方又动员了 30 万军民,前两大工程刚开始动工,庞大的阿房宫工程又开始启动了,这次动用的人力是 70 多万囚犯,至此上百万的劳力都放弃生产为秦始皇的野心劳作着。

　　秦二世继位后变本加厉,大量地奴役军民为己用,为秦始皇建造庞大的墓葬群,就这样又有几十万的囚犯和民工被迫参加劳动。为了

使墓室更加地牢固,竟然熔炼了大量的铜进行浇筑来做地基。在其上边就是用巨石堆砌而成的陵墓主体。单单建造陵墓就造成了大量的人员伤亡,而铜矿和巨石的来源——大量的矿工和石匠因为劳累过度而死去的也不计其数。看着逐步完成的工程,囚犯和民工们终于松了一口气,但秦二世看了以后还是觉得不满意。所以为了看起来更逼真,使自己的老爸在九泉之下也能享受到如世间一样的权力和财富,就再次命令这些劳力们在墓葬里边开挖一些江河湖泊的模型,然后用水银代替流水。

为了预防盗墓贼的光顾,秦二世又命令工匠们在墓穴内部安装了大量的机关暗器,如果未经允许而私自进入,后果只有一个那就是死亡。在血与汗的浇筑之下,工程终于得以完成。看着这么一座浩大的工程,虽然一条条生命随之而去,但自己还活着,还能重见天日,不久的将来就能与家人团聚了,囚犯和民工开始了忐忑不安的等待。当秦二世的身影离开墓穴门口的时候,伴随墓门被关上的还有机关毒雾被开启和释放的声音,许久之后剩下的只有累累白骨和墓门之上的道道手印。

陵墓、阿房宫和长城这些浩大的工程同时开工,大量的劳力被调

用,国家财政如流水般迅速枯竭。当时全秦人口有两千多万,而用于建造者就高达二三百万,十分之一的人口,并且全部是中青年,国家的生产基本被停止。天公又不作美,遭逢旱灾和病患的袭击,使得百姓没活路了。

在公元前 209 年的时候,来自阳城(今河南登封东南)的地方官,专门又派了两个军官,把九百名民夫押送到渔阳(今北京市密云西南)进行防守。军官看着这么多的人,又从中挑了两个身体棒、会办事的年轻小伙子,让他们当屯长,管理其他的人,最后挑选的人就是陈胜和吴广。陈胜出生在阳城,家里条件不好,一直给别人当长工的。他的字是涉。吴广也是个贫苦的农民,出生在阳夏(jiǎ)(今河南太康县)。

陈胜是个很有志气的小伙子,他不甘心经常给人做长工,总想自己做一番大事业。

这天陈胜干活累了，在休息的时候对伙伴们说："如果我们以后有钱了，都不要忘记老朋友了。"伙伴听完笑道："你现在给别人下力种地，哪儿会发大财啊！"陈胜叹口气："燕雀是不会懂得鸿雁的走向的。"陈胜与吴广的梦想都一样，所以有很多话说，没多久就成了好朋友了。

不幸的事情发生了。到大泽乡(今安徽宿州市东南)的时候，竟然下起了大雨，满是泥泞的道路，根本无法行走，所以只能被迫停止，等待天晴之后再次上路。

当时的秦朝是以法令治国的，并且对人民的约束和惩罚都非常严厉，像这种被征服征调的劳力，如果不按时到达，人头就难保了。

吴广说了句，我们逃吧！陈胜说："逃走被抓回来也是个死。反正都是一样的死，我们一起来造反，比送死好多了，别人说二世是个小儿子，轮不到他做皇帝的，应该当皇帝的是扶苏，很多人都很同情他。我们楚国的大将军是项燕，曾经立了大功，楚国人很敬仰他，目前死活不明。借着扶苏与项燕的名义，所有人会支持我们的。"

吴广同意陈胜的想法。他们想了一个办法，准备了一块白绸条，在

上面用朱砂写了"陈胜王"三个大字,看到了人家网起来的鱼,就悄悄地把白布塞到了鱼的肚子里。兵士们买走了鱼剖开了之后,竟然发现了这块绸子上面的字,大伙很吃惊。

半夜的时候,吴广悄悄地来到了不远的一座破庙里,把篝火点起来了,学着狐狸叫,然后就喊着"大楚兴,陈胜王"。全营的兵士听到之后害怕极了。

第二天,大伙议论此事,开始尊敬陈胜了。

吴广发现两个军官喝醉了,就故意说:"反正也耽误了时间,让大家都走吧!"军官听后很生气,拿棍打吴广,用宝剑威吓吴广。吴广把宝剑夺过来,刺死了两个军官。陈胜告诉兵士们说:"我们是堂堂男人,就这样送死吗?王侯将相,难道就注定是他们的吗?"大伙儿听后呐喊着:"说得太有道理了,我们以后就听你的。"

陈胜与吴广宣誓:"大家齐心协力,目的就是推翻秦朝。"大家推崇陈胜、吴广当首领。弟兄们搭台之后,又做了一面大旗,很大的"楚"字写在旗上。

附近的农民知道之后,把自己家的粮食拿出来慰劳他们,青年们

　　也带着锄头镰刀纷纷来投。他们利用木棒做刀枪,竹予当旗竿。

　　至此,中国历史上第一支农民起义军被陈胜和吴广建立起来了。"揭竿而起"(揭,音 jiē,是举起的意思)这个成语也随之被创造,并成为了这次历史事件的名称。

　　陈胜和吴广在父老乡亲的支持下,迅速拿下了陈县。当势力稍有巩固之后就召集乡里召开大会,陈胜顺理成章地得到了王的称号,并建国号"张楚"。

赤壁之战

    阿乐喜欢看《三国演义》,他对里面的赤壁之战颇有兴趣。赤壁之战是中国历史上具有传奇意味的一次战争,它是中国古代历史上最著名的以少胜多的战役,也是东汉末年三大战役中最著名的一场。

    同时这场战争也标志着中国的政治、军事不再局限于黄河流域。在军阀混乱的东汉末年势力微弱的刘备集团和少有实力的孙权集团共同运用天时、地利、人和的资源最终打败势力最强的曹操集团,为诸葛亮所计划的三国鼎立局面做足了准备。

    赤壁之战发生在公元 208 年 7 月到 11 月,属于超大规模江河作战,是第一次在长江流域进行的战争。孙、曹、刘等三家都派出了大量的兵力。曹军派出的兵力大约是 23 万人;孙权和刘备盟军,派出的兵

力大约是 5 万人（孙权是 3 万人、刘备是 2 万人）。

公元 208 年 7 月 12 日，曹操亲自率领百万水陆大军，开始发起了荆州战役，战役结束之后，对孙权开始惩罚。可是孙权与刘备相互联盟，组成了联军，周瑜亲自指挥，在精心计划之后，在长江赤壁(今湖北赤壁市西北，一说今嘉鱼东北)一带，把曹操的军队给打败了，为三国鼎立建立了基础。

周瑜打黄盖

这得从赤壁之战开始说起。在战争前期刘备集团的诸葛亮利用草船借箭的计谋为这个团队赢得了很多的面子。反观孙权这边依旧没有什么进展，所以孙权就给周瑜下了死命令，赶快想出对抗曹操的政策。周瑜苦思冥想之下还真给想出了好主意。长期居住江边的周瑜当然知道什么时候刮什么风，所以想到的妙计就是借风之势火攻曹操。

此时曹操派投降自己的荆州刺史蔡中蔡和两人来吴地劝降，心如明镜的周瑜就将计就计接待了二人，试图通过他们两个的嘴把假情报传给曹操。万事俱备，但还缺一个陪自己玩计谋的人，真不知如何是好的周瑜在当天夜里就被黄盖解决了难题。黄盖是孙权势力中的一员老将，在这次赤壁大战双方布局时他也想到了用火攻的良策，就趁着夜黑风高探访了周瑜。两人相见不谋而合，黄盖愿意以身为国，和周瑜上演一出苦肉计来迷惑曹操。

在一次军事会议上，黄盖假装与周瑜的意见不一致，故意产生纠纷，还说出很难听的话，所以周瑜非常生气，马上命令把黄盖的头给斩

掉。很多的大将为黄盖求情。

周瑜开始使用杖刑对付黄盖。此时黄盖被打得遍体鳞伤,躺在床上像死了一样。

后来阚泽又为黄盖献上了诈降书。蔡中蔡和借此机会,把这个假情报悄悄地传给了曹操的军营,周瑜打黄盖的情形又被添油加醋地说了一番,曹操听后对黄盖的投降深信不疑。

在赤壁之战打响时,诈降的黄盖开始偷偷地接近曹军。一看是黄盖的军队向自己驶来,曹操当时就笑了。并对身边的人说,这仗还有什么打的,老将黄盖来降,周瑜、诸葛不足而已。当这些装满柴薪的快船非常接近曹军的连环船时,被迅速点燃,而一阵东风吹过使得这些船如脱缰野马般一下子踏上了曹军的船队。曹操的军队大部分都是北方人,见船就晕更不用说是在船上作战了,为了使船只能够平稳地渡江,所有的大船被绑在了一起。因为船体相连,火势很快就蔓延,在此作战中真正被杀死的占极少数,大部分都是被火烧死或者跳水淹死的。

周瑜、刘备、关羽等人迅速带兵出击,把曹操打得大败,曹操差点儿命丧于此,惊慌失措中带兵逃返北方。经过此事之后曹操的北方嫡系部队虽然没有元气大伤,但被打怕了,所以再也不敢轻易南下灭吴了。

还有你不知道的事情呢。在周瑜打黄盖的时候，也就是周瑜说要把黄盖的头给斩了的时候，鲁肃开始替黄盖苦苦求情了，鲁肃还悄悄地对诸葛亮做了暗示，意思是让诸葛亮一起求情，可是诸葛亮假装什么也没看见。

等到黄盖挨了五十大板以后，鲁肃就悄悄地到营中去了，想问一下诸葛亮为什么不替黄盖求情的事情。鲁肃问诸葛亮："大家都知道黄盖被打了，我们都去给他求情了，你虽然是属于贵客，为什么见死不救？"

诸葛亮听完之后，非常生气地说："鲁肃，你也来欺负我啊！"鲁肃有点怀疑地问："这话从何说起，我一直对你都是很好的，怎么会欺负你呢？"

诸葛亮听完之后，就哈哈大笑着："周瑜和黄盖在要心机，他们俩使用的是苦肉计。借助假的情报，让蔡中蔡和去传这个消息。我是不会说出去的。"

鲁肃听完之后，更加疑惑了，就急忙走近诸葛亮。诸葛亮小声说："这件事情，你得保密，不能告诉那个周瑜，不然的话，他会找我的大麻

烦的。你回去说,我也在埋怨他就是了。"

鲁肃悄悄地回到了周瑜的营中。此时周瑜问鲁肃:"你去找诸葛亮了,他对这件事情怎么看呢?"鲁肃想起诸葛亮说的那些话,回答道:"诸葛亮也埋怨都督呢。"周瑜听到这些之后,高兴地说:"这次终于瞒过了诸葛亮。"鲁肃听到之后,就问:"这到底是怎么回事啊?"周瑜笑道:"这些是我与黄盖商量好了之后,为了麻痹曹操使用的诈降计。没想到诸葛亮一点也不知道啊!诸葛亮也不是我的对手啊!"鲁肃听完之后,吓了一跳,突然开始佩服诸葛亮聪明才智了。

苦肉计虽然瞒不过诸葛亮,但是瞒住了曹操。假如曹操像诸葛亮一样聪明的话,黄盖也不会挨揍了。

淝水之战

在公元 383 年,发生了淝水之战,它也是我国历史上以少胜多的著名战役。发生在现在合肥市肥西县以北的东记河上。

淝水之战后前秦军队被杀和四处逃逸的人员加起来一共有 70 多万,但值得称奇的是鲜卑慕容垂部的 3 万多兵马竟然完整无缺。这次战争彻底破灭了苻坚统一南北的愿望,并且原来属于自己的封国也开始纷纷独立自立成王。不幸的是两年后苻坚被姚苌所杀,连自己的国家也在淝水之战的影响下彻底灭亡。而战争胜利的东晋王朝也因此而国力大减,对恢复中国的统治权有心无力;不过值得庆幸的是北方的少数民族被有效地遏制,江南地区的经济也得到了较好地发展。

战争起源

在前秦寿光三年(357 年)六月的时候,秦王苻生很想把苻坚除掉,当苻坚知道了此事之后,干脆就来个先下手为强,提前把苻生给杀掉,把自己立为大秦天王。

苻坚对汉人王猛是非常的佩服,同时也很重用他。由于国家的力量在那个时候非常的强大,所以在很短的时间,就把前燕给灭掉了。远征西域,把北方给统一了。

　　王猛临死之前,再三地阻止苻坚的南进政策。王猛几次劝告苻坚千万不要进攻东晋王朝,原因是他认为前秦的国家力量比起东晋的话,会强一些,可是前秦统一北方时间短,还不到一定的时候,还有就是东晋有长江这个天险可以依仗,攻打东晋得不偿失,所以在王猛死后的数年里,前秦一直安心地发展内部经济,对于东晋一直是风平浪静。

　　可是过了7年,苻坚思来想去,感觉到时候了,又准备开始进攻东晋了。前秦的大臣们知道了此事,都纷纷反对这样的做法,可是苻坚整天想着此事。这天苻坚说:"小小的一个长江天险算什么啊!我是拥有百万大军,什么也不会怕的,我的一声命令,让士兵们手中的皮鞭扔到长江里面去,就会把河流断掉。"这就是成语投鞭断流的来源之处。

　　反观东晋,早就开始为前秦入侵做着防御工作。谢安力挺自己的侄子谢玄为兖州刺史,负责整个长江下游的军事防守,而自己则亲自监督扬州、豫州、徐州、青州的军事活动。谢玄不负众望建立了一支力量强大的北府兵。面对苻坚所领的90万大军,东晋谢玄带领着7年打造的8万精兵沿河而上迎击秦军。结果东晋以少胜多,而统一的北方重新分裂开来,又进入了诸王并立的局面。

鸦片战争的起因

鸦片战争前期，中国一直处于闭关锁国状态，曾经的强大的国度在乾隆之后逐渐走向了衰败。

西方在经历了工业革命后，手工业逐渐被大型机器所取代，生产力大大提高，所以国力也随之迅速攀升。为了扩大商品的输出和新资源的输入，这些资本主义国家开始奔走全球，对其他地区和民族进行殖民掠夺。

当中国周边的国家陆续被英、法等国家殖民之后，下一个目标就是可怜的中国了，这个地产丰富的古老国度是他们最好的肥肉了。英国本来是想着要用本国的羊毛、呢绒等机械产品大赚中国白银的，不料这些东西在中国的土地上水土不服，没有多少人愿意去接受这些新鲜事物；与此同时正好相反的场景，在英国乃至整个欧洲境内都出现了不寻常的事情，中国的丝绸、陶瓷、茶叶等都成为了这些国家上流社会的奢侈产品。这一来二往之下本来是要大赚中国钱财的，最后反而被中国清廷赚的盆满钵溢。为了扭转贸易逆差，英国开始向中国销售暴利的违禁物品——鸦片。

自从鸦片来到中国之后，越来越多的腐败朝廷贪官和达官贵族们开始纷纷吸食，成为了当时上流社会才能享用的专用物品。但鸦片贩子为了各自的利益进行了价格战争，几度砍价后的鸦片也开始成为了普通百姓和军队士兵们的高级娱乐品。

当时的清朝官员衣食无忧，闲着没事干，一有空就开始赌博吸毒。看着朝堂之上哈欠连连的大臣们，乾隆开始下令禁烟。皇帝虽然下了命令禁烟了，但面对鸦片为他们带来的高额利润，越来越多的官员开始铤而走险，主动和鸦片商贩进行合作，使得禁烟政策之下，鸦片的销量不减反增。朝廷也对此事睁一只眼闭一只眼，谁让乾隆皇帝的孩子嘉庆也吸呢，而跟随嘉庆的太子党们也个个都是鸦片的忠实爱好者。此时的禁烟只是一个形式而已。大量的鸦片进入使得清廷的财政开始由贸易顺差迅速地就变成了贸易逆差,白银的大量外流使得中国境内闹起了银荒,国库因此也空虚了。

大量吸食鸦片使得百姓的身心都受到了严重的危害，同时社会生产力也遭到了严重的损害,东南沿海地区的工商业迅速地萧条与衰落。

禁烟行动

1729 年雍正颁布了中国历史上第一个禁烟的禁令。禁令中规定:"贩者加杖,再犯边远充军。" "私开烟馆引诱良家子弟者,依邪教惑众律治罪,侍卫官员军民等吸食鸦片者,依刑律治罪。"

但禁烟令没有起到显著的效果,到乾隆时吸食鸦片的人日渐增多。乾隆扩大了禁烟范围,增加了严禁烟具的输入和贩卖等内容。

尽管三令五申但是没有得到解决。

嘉庆一上台赶紧下令严禁鸦片,禁令是一道道颁布下去了,鸦片贸易却是一天天地繁荣起来了。东印度公司的工作报告里说:满洲政府禁烟令,"不过官样文章",官员们"长久以来纵容鸦片私运以为发财机会",所以"产品销路继续增长,毫无疑问"。

到了道光年间鸦片的进入量一下就增加到一万三千箱,白银每年外流三千万。道光皇帝调湖广总督林则徐为两广总督、钦差大臣到广州禁烟。林则徐很坚决,到广州宣布:"若鸦片一日不禁,本大臣一日不回。"

轰轰烈烈的禁烟运动即将打响了。

为什么选林则徐来禁烟?

面对着严重的鸦片危机,在清政府内部也爆发了激烈的政争。1836 年太常寺卿许乃济奏请取消对鸦片输入的禁令,准许公开买卖鸦片。这种意见代表了清王朝中最腐朽的大官僚、大贵族的利益。

与此相反,1836 年 6 月,鸿胪寺卿黄爵滋上书道光帝,痛陈鸦片祸害,建议"重治吸食"的办法,以抵制鸦片的输入。道光帝下令,要盛京、吉林、黑龙江将军及各省督抚对黄爵滋的建议,"各抒己见,妥议章程,迅速具奏"。这样,围绕鸦片问题的政争再次在清政府内部展开。

在接到黄爵滋的请求后,林则徐开始向朝廷上奏折,请求严禁鸦片。未等皇上批示,就开始在全省厉行禁烟,收缴烟土、烟膏与烟具,并配制"断瘾药丸",供人戒烟,成效卓著。

随后又一道奏折,力陈禁烟特别是杜绝鸦片来源的重要性和禁烟方略,并针对反对派的驳斥强调说:"法当从严,若犹泄视之,是使数十年后,中原几无可以御敌之兵,且无可以充饷之银。"举棋不定的道光皇帝认识到严禁鸦片的迫切性、必要性和可能性,于是,被迫接受严禁主张,决定禁烟。最后道光皇帝特命林则徐为钦差大臣赴粤查办禁烟。

虎门硝烟和鸦片战争

　　林则徐被道光皇帝任命为禁烟的钦差大臣之后，于1839年3月份来到广州开始展开轰轰烈烈的禁烟运动。初来乍到他先和两广总督、广东水师提督联系，并得到了他们的大力支持。之后林则徐召集了许多同一战线的知识分子，进行考试。如当时的粤秀书院、越华书院、羊城书院共出学生六百四十五人来参加"考试"。而答卷上的试题非常有意思，第一是鸦片集散地及经营者姓名；第二是零售商；第三是过去禁烟弊端；第四是禁绝之法。这些个知识分子都有一种救国救民的爱国情结，所以知无不言。

　　通过此"考"后，大量的鸦片商人和贪污官吏的名单跃然纸上。按照名单把一个个的烟商揪了出来，并没收了总共一万九千一百八十七箱又二千一百十九袋的鸦片。怕在运回京城的途中有被盗或掉包的可能，所以在得到光绪帝的同意后在当地的虎门进行全部销毁。此次销烟在一定程度上节制了鸦片在中国的泛滥，在中国民间产生了积极的影响。与此同时也大大损害了英国资产阶级的利益，所以很快英国政府就对中国发动了蓄谋已久的鸦片战争。

　　林则徐禁烟之后中英间的矛盾已经激化到了
不可调和的地步,此时的英国内部开始为入侵战争
做着准备。1839 年 7 月份,英国的水兵喝醉后在
香港九龙尖沙咀闹事,打死了中国农民林维喜。

　　当林则徐要求交出凶手时遭到拒绝,盛怒之下
的林则徐开始下令禁止和英国的一切商务来往,并
派人进入澳门,驱逐境内的一切英国人。两个月之
后,英国内阁以保护大英帝国子民为由开始派舰队进入中国海域。

　　一个是坚船利炮的资本主义国家, 而另一个是被鸦片彻底腐化了
的封建王朝。在敌人的炮火之下,长枪和大刀迅速被打垮。当英军的舰
队开进镇江并以 37 比 10600 的伤亡率全歼清朝部队时,道光帝终于
承受不住打击向英军求和。

签署的不平等条约

　　英国人看着中国人好欺负,所以就订出不平等的条约,《广州和约》中规定,清朝要缴给英军很多的赔偿费。

　　英国军队又攻打舟山、虎门、厦门、宁波、吴淞、镇江等,连香港岛也被他们霸占了。在1842年(道光二十二年)8月4日,猖狂的英国军队来到南京,要300万元的赎城费。清朝只好派代表开始与英方谈判,中国与英国的和约谈判就是这样开始的。

　　在1842年8月11日到29日的条约谈判中,英国对清朝进一步逼迫,清朝没有能力反抗了,英国每次都要拿进攻南京来要挟清朝。这个中英条约都是英国方面自己制订的条约。

　　29日,在英国军舰上,终于签订了《南京条约》,这个条约是中国近代史上第一个不平等条约。

　　第一次鸦片战争结束了。

　　可是到了第二年的时候,英国逼迫清政府又开始签订了《南京条约》的附件,这样的话,英国可以从其中获到"领事裁判权",还有"最惠国待遇",更让人生气的就是,英国还可以获得在通商口岸有着租地与建房的权利。

那段时间,美国人也来掺和,和英国联手一起对付中国。

战争刚结束,美国与法国开始逼迫清政府和他们签订了两个不平等的条约,分别是不平等的中美《望厦条约》与中法《黄埔条约》。看来那时清朝是块肥肉,谁都想啃一口,在这些条款中要割地和赔款的。这些不平等条约伴随了中国近一个世纪之久,直到第二次世界大战末期才得以正式废除。

最终国家的赔款全部落到了人民的肩上,各种税收的增加使得人民的生活到了水深火热的地步。

第五章
古代兵器

兵器起源

小朋友,你们知道古代兵器的产生和发展吗? 快和阿乐一起去看看吧!

史前阶段

随着石刀、石斧、石锄等大批石器的出现,把人类文明推向了新石器时代。

刚开始还没有出现剥削, 所以得到的猎物都是大家平均分配,手中拿的长矛、石斧等武器主要是用来对付野兽所用;随着生产力的大大增强,剥削阶层开始出现了,氏族部落之间为了草地、水源、婚姻等多种理由开始互相攻击,使得武器也跟着有了较大的发展。

从那以后,原始战争越来越多,锋利的生产工具在作战的时候起不到很好的作用,所以人们开始精心地设计一些特殊的工具,这些工具是专门杀伤或者是防护。

距今大约 2 万年以前, 弓箭就出现了。到如今大约有 5600 年的新石器时代的时候,杀人的兵器就是箭。

新石器时代晚期

　　当进入新石器晚期后,看着手里的石斧、石刀等原始的工具已经不能满足部落之间的战争需要了, 所以有一部分聪明人开始用骨头、竹子、石头等东西模仿动物的角、爪、啄等形状制作武器, 经过简单的加工后所产生的新工具果然杀伤力大大地增强了。就这样为了统治的需要,为了战争的需要,武器被不断地开发、升级,直到今天能够摧毁地球的核武器出现。

青铜兵器

青铜器的主要成分是红铜和锡，它的出现大大提高了人们的生产力，成为了一个时代的标志。由于地球上各地区文明的发展进程不同，所以进入青铜时代的时间也有前有后，中国的青铜器则出现在夏商时期。

作为推动人类历史的物品，它不仅仅是耕种的锄头、镰刀及做饭用的大锅、铜盆等，更重要的是被做成各种各样的兵器。当第一把青铜斧和第一柄青铜剑被用在战场上的时候，落后的石器时代告别了历史舞台，青铜器粉墨登场。

青铜戈在中国冷兵器时代，占据非常重要的地位，在战争、格斗等多种场合都会被用到。青铜戈的制作主要分为头和柄两部分，戈头使用青铜打造而成，而长柄则是由木头制成，但少数的也有用青铜做成（因为整体太过沉重，所以极少用到）。因为青铜器能啄、能推、能掠，再加上长柄大大增加了伤害面积，在战车上进攻的时候，经常会用到青铜戈。长柄的青铜戈在冷兵器谱上总是位列前茅。

中国迄今为止出土最早的青铜戈是在河南偃师二里头遗址出土的直内戈，据考古学家测定，距今约 3500 年。

中国的青铜器出现在新石器时代的晚期。中国进入青铜器时代的时间大约是夏朝，经过四个时期，分别是商、西周、春秋到战国等。

在甘肃省东乡马家窑遗址中出土的青铜小刀，距今大约有 5000 年左右，这些就是实物证明。

最常见的青铜兵器是什么？

钺在中国的历史上是一种常见的武器和礼器。早在新石器时代就有了玉质的钺，它被用作权力的象征，因为形制太过沉重和灵活不便慢慢地退出了历史舞台。但做为兵器在历史上则有着长足的发展。

钺其形似斧，主要以劈为主。进入商朝后用青铜制作的钺被大量使用，并保留了石钺的特点——刃部弧曲宽阔、两角略微上翘。商周时代斧钺类型很多，且质料优良。随着历史的发展，铁、金、银等许多金属被不断发现，制作钺的材料和工艺也变得越来越复杂和精美。直到宋朝之后钺才慢慢地退出了兵器舞台，但在生产生活工具上开始大量的使用，经过不断地改进，至今人们仍在使用。

古代兵器矛和盾

矛与盾是中国古代的两种冷兵器，矛代表的是进攻，盾代表的是防御。

矛

矛是属于冷兵器，它在古代军队中大量装备并经常使用。矛刚开始的样子是木棒，最前面修得很尖，专门是狩猎用。后来人们开始利用石头与兽骨等材料来制作成了矛头，缚在长木柄的前面。在奴隶社会时候人们开始用青铜来铸造矛头了。特别是在商朝的时候，铜做成的矛算是很重要的格斗兵器了。

在新石器时代遗址中发现，古代的人经常使用石头，或者是动物的骨角等材料来制造的矛头。

从商朝到战国时期，一直沿用青铜铸造的矛头，只是在外形方面由商朝的阔叶铜矛发展成为战国时的窄叶铜矛，矛柄的制作也更为精细，出现了积竹矛，就是以木为芯，外圈以两层小竹片裹紧，涂漆，使柄坚韧而富有弹性。从战国晚期开始，开始使用铁矛头。

矛一般分为两种：蛇矛和长矛。

蛇矛，矛头长二尺余（约 70 厘米），扁平，弯曲如蛇形，两面有刃，故称蛇矛。蛇矛的用法与一般的矛大致相同，主要架式为刺、挑、戮、划等，具有一往直前的突击能力。使用者臂力愈大，蛇矛愈有把攻击对象穿透的强力效果。

长矛，矛头长七八寸（约 24 厘米），形如枪头，呈棱形。其下与柄相接，矛柄也可硬木制，粗如盈把。

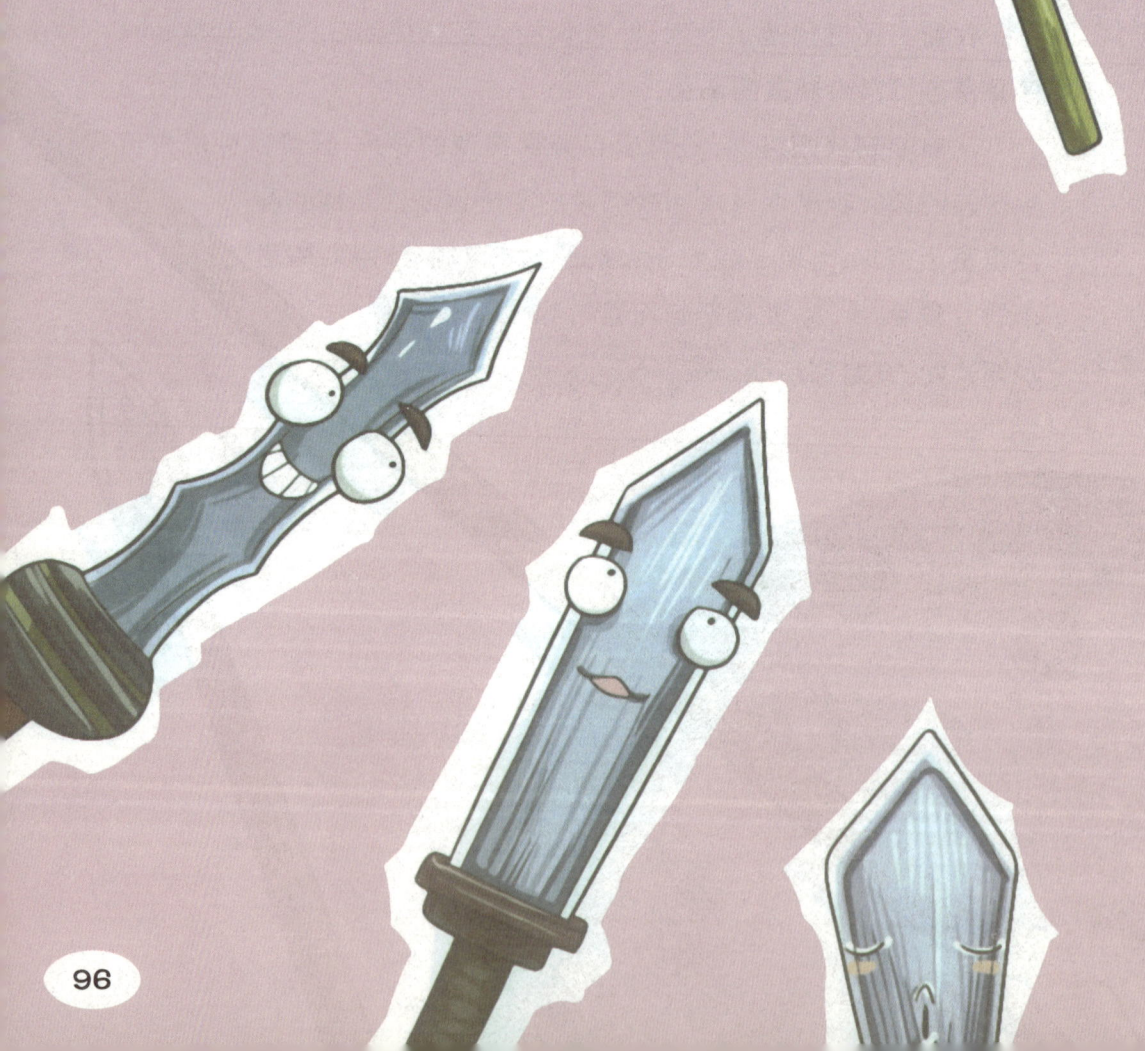

盾

　　盾是在殷时出现的早期兵器,拿在手上是为了遮掩自己的身体,是属于防御性器械。它的形状有的是长方形,有的是圆形,用藤条或者是皮革制作。

　　盾平时和刀与剑配合着用,是属于刺杀格斗类的兵器。

　　到了春秋战国,盾仍然以木和皮革为材料制作,但其形状却有较大的变化,其上部大多做成对称的双弧形,表面涂漆,并常绘有精美的花纹,盾高一般有 60 多厘米,宽约 45 厘米。盾在军中是属于很重要的防护器具,车战的时候,对敌人从城下射上来的飞石与箭进行防御。

　　那时,福建生产的一种木盾,很流行的。在顶的上面有弧形的花纹,是双层的,是长方形,在表面上会涂上一些漆,在上面还绘制的有漂亮的图案。

　　藤牌也是经常使用的一种盾牌,明代中叶的时候开始传到内地。

　　藤牌是利用山上的又老又粗的藤,进行编制的,有的编制成圆盘一样的形状,中间凸出,周围高起,它的直径是 1 米,重量是 4.5 千克

以下。

　　藤本身比木质坚硬与圆滑，兵器不容易砍、射进去，藤牌进入内地之后，是步兵最好的装备之一。

现代的盾牌

　　随着社会的发展，木盾铁盾已经退出了历史的舞台，而以金属或合成材料特制而成的执法盾牌开始出现在人们的视野之中。

盾牌论功能性可分为两种：

　　1.防暴盾。这些盾牌被防暴部队所用，主要是镇压和控制暴乱。这些盾牌有很好的抗击打能力，对于石块、玻璃瓶、棍棒以及拳头等有很好的防护作用。在制作工艺上，防暴盾在与人体视线平行的位置用透明的材料制成，可以开阔士兵的视野，同时对于小型的爆炸所产生的碎片及汽油弹、投掷物等有很好的防护作用。

　　2.防弹盾。这类盾牌主要是现代警察用于抵抗武装犯罪的枪械攻击。由于特殊的需要，此类盾牌在制作材料上采用的是高级的合成物料，如克维拉等。一般是特警在高度危险的情况下才会使用。

课堂小问答

用来向很远的地方进行射击的兵器有哪些？

木质或者是用竹来制造的单独的一个弓，还有装有石油做成的箭，有的箭是用骨头与牛角等这些材料做成的。

原始的木弩，还有可以抛发石弹的"飞石索"等。

用于劈砍的兵器都有哪些？

石矛、骨矛是专门劈石斧、石钺，或者是砍石斧、石钺等。

用于勾砍的兵器都有哪些？

石戈与匕首等。匕首是用石头与骨头做成的。

原始的防护装具都有哪些？

1.原始的人们为了防备敌人手中兵器的杀伤，就开始使用防备和保护的工具，防护工具是盾。这些盾是由竹与木，还有皮革等这些材料制造成的。

2.原始甲、胄等，这些防护工具的材料是由藤条，或者是用皮革制造成。

矛和盾的故事

今天,阿乐给大家讲一个矛盾的故事。在楚国有一个专门卖武器的商人,他所经营的武器只有两种,一种是长矛,另一种则是大盾。

这天他来到了集市上。他先是举起手中的盾,大声地吆喝:"快来看啊!好兵器,快来看,仔细看看,我手中的这块盾牌可不是一般的盾,用的材料是最好的,锻造的盾是非常的坚固,无论再锋利的矛,也不会把盾给戳穿的。"大家看着他不停地吆喝着,也开始围上来观看了。

没过多久,这个楚国人走到墙边,拿起靠在墙边的矛,又开始吆喝了。他大声说:"各位英雄,大家好,我手上有一根长矛,它可不是一般的长矛,是经过精心打制出来的绝顶好矛呀!矛头锋利无比,不管你用再坚固的盾来抵挡的话,我的矛照样顺利地戳穿它。"当他把这话说完,大家感觉他好奇怪啊!

这个时候,一位男子从里面走出来问:"卖兵器的先生,你说你的盾非常的坚固,不管什么样子的矛,都不会把它给戳穿。可是你的矛也是非常的锋利,不管什么样的盾都抵挡不了,这样好了,我准备用你的矛去戳你的盾,会是什么样子的呢?"

那个楚国人听到后,很害羞,急忙把矛和盾都收拾起来了,悄悄地逃出了集市。

小朋友,你听完这个故事,知道了"矛"和"盾"的作用了吧!

最早的火箭

火箭最早起源于中国,是我国四大发明之一火药的后续物品,是中国古代的重大发明和科学成就。

1926 年,美国科学家戈达德试射了第一枚无控液体火箭,标志着新时代火箭的诞生。1944 年,德国把有控弹道式液体火箭 v-2 开始大规模用于战争,精准和威力庞大的杀伤性告别了古代捆绑箭支时代。之后如德国的工程师布劳恩、苏联的科罗廖夫和中国的钱学森都为走向太空领域的火箭做出了卓越的贡献。

火箭始于我国北宋,最早流传于民间,用火药的反作用力把东西推向高空,在民间称为"流星"或者"起火",说白了就是拿来供人观看和玩赏的。

到了南宋时候,越来越多的人以起火为乐,慢慢地受到了官府的重视,看着如此巨大的推动力,再加上锋利的箭头后杀伤力非常可观,所以就变成了国家军备中的有力武器,火箭也真正登上了历史舞台。

古代火箭的组成分为四部分,分别是:箭头、箭杆、箭羽和火药筒等。

火药筒外壳看起来很简单,是用竹筒与硬纸筒等材料制作而成的,火药就在里面填着。筒的上面是封闭的;下端是开着口的,筒的边上有小孔,小孔的作用是专门把导火线引出来用的。

当引线被点燃之后,筒中的火药就会在里面开始燃烧,此时就会有很多的气体产生了,它就以最快的速度向外面开始喷射,向前推的力就随着产生了。

古代的火药筒就等于是现代火箭的推进系统,箭头锋利无比,可以瞬间地穿透人体的任何一个部位,有很大的杀伤力。它相当于现代火箭的战斗部分。箭羽是在尾上安装着,它的作用是在飞行中起到稳定作用,和现代火箭的稳定系统是一样的。所谓箭杆就好像是现代火箭的箭体部分了。

　　在公元 1621 年茅元仪编著的《武备志》中，第一次记载了中国古代火箭的外形图。

　　火箭在古代的武器谱中占有着重要的地位，随着时代不断地发展，火箭的构造和作用也不断地发生着变化，至今一直被延续使用。

火箭名词由来

　　火箭名词最早出现在公元 3 世纪的三国时期。三国时期因为战争不断，为了取得更大的胜利，对于武器的研发各诸侯都分外努力，比如攻城车、木牛流马、火箭等等。魏国人最早把火把和箭枝捆在一起进行使用，火箭的名词就这样来了。接下来的陈仓之战真正把火箭推向了历史的舞台。

　　诸葛亮在三国时期可谓是一位奇人，管理朝政、领兵打

仗、发明东西等样样精
通，所以在他率兵攻打陈
仓时，给那里的守将赫昭带来了很大的压力，为了防止城池被拿下，赫
昭把火箭推向了战场前沿。当蜀军用云梯攻城的时候大量的火箭被射
出，云梯被烧毁、人员被烧伤，最终魏军取得了守城的胜利，伴随而来的
就是火箭的名字被迅速地传播。在以后的战争中屡次被用到，火箭的名
字也随着历史的进程不断地演变，直到今天成为携带卫星及宇航员踏
上星空的运输设备。

　　当时的火箭制作非常简单，就是在箭头后面再绑上一些麻布，这些
麻布可不是一般的麻布，而是浸满了很容易燃烧的油脂，等到这些麻布
点燃了以后，利用弓弩射向敌人，可以让敌人那边出现火。

　　在北宋的军营里面有三名军官，分别是冯继升与岳义方，还有唐福

等(公元 10 世纪后期)，他们知道火箭的制造方法，经过考虑之后，他们三个就把火箭的制造方法与一些火箭献给朝廷。因为需要配合弩弓来使用，所以被当时人称为火药箭，从此战场上又多了一件杀人的利器。

　　火箭出现后，大部分情况下都被用作军事用途，只有一小部分作为娱乐工具来使用。在宋、金、元这些国家战争的过程中，火箭的外在形式和威力都有了长足的发展，同时也衍生出了许多杀伤力非常强大的武器，如火枪、飞火炮、飞天雷炮等。看着飞天雷炮就不得不为古人的智慧而惊叹，飞天雷炮喷射装置和现在火箭的机构十分的相似,从而为今天的航天事业做足了准备。

在古代,火箭的娱乐形式就是烟火了,烟火在民间不断地玩赏中得到了快速的发展。聪明的人们就开始利用火药燃气的反作用力,成功地制造成了"爆竹",就是可以高高地飞起来,升向天空的"流星"或称"起火"。

"冷枪"和"热枪"

冷兵长枪

枪是一种经常被用到的冷兵器,它的源头可追溯到原始社会。最开始的长枪就是一个直愣愣的木棒被削尖了头,随着人类文明的发展,青铜器时代的到来,就开始陆续出现了枪头,长枪就这样产生了。为了防止杀人之后鲜血流到枪杆而影响作战和迷乱对方,一般用牛尾、马尾等东西绑在枪头和枪身连接处,慢慢就演变成了现在的枪缨,至此,一杆我们熟悉的长枪就形成了。

根据不同的用途,长枪又分成了许多不同的种类,如用于车战、骑战的枪身一般比较长,而用于步兵的枪则显得比较短。最长的枪可长达八米多,而短的则有一米多。

四大名枪

杨家枪 因舞时如梨花摇摆,故全名"杨家梨花枪",又名梨花枪,在明代被誉为最上乘的枪法。

少林枪 在少林棍法的基础上,吸收各家各枪之精华,创出以枪为主,兼用棍法,枪棍合一,以力度见长的大封大劈和猛崩硬扎,刚柔兼施,风格独特的少林枪法。

峨眉枪 功架优美,劲力饱满,步活身灵,枪路纵横,变化多端,所谓"枪似游龙扎一点,舞动生花妙无穷",实在是优雅飘逸许多,这也符合大众心目中关于峨眉功夫的印象。

吴家枪 以足不可松,其妙在于活,退则以长制短,进则以短制长为基本法则,突出了以攻为主的主要武术思想。

转轮手枪是谁发明的？

美国一名叫柯尔特的人发明了转轮手枪,也叫左轮手枪。它的弹仓可逐发对正枪管,实施射击。

勃朗宁自动手枪

是一位来自美国的勃朗宁精心设计的,后来就给手枪取名为"勃朗宁"手枪。奥地利人也发明了携带方便的"胳肢窝手枪"即袖珍手枪。第二次世界大战期间,有的自动手枪可装上长柄,以便连续射击时稳定枪身,提高射击精度。自动手枪利用火药燃气能量后坐枪机或枪管再次装弹入膛,连续射击。

最古老的步枪

步枪是很古老的枪了,是最简单的单兵器。它的枪杆是很长的,射程也很远,射中的机会很大。步枪主要靠发射枪弹击伤暴露的有生目标,也可用刺刀、枪托格斗,还可发射枪榴弹击伤点面目标和破坏装甲。

现代的步枪

现代步枪大部分都是属于自动步枪,目前世界各国的步枪大概有60多种。

越王勾践剑

今天,阿乐带我们去探索历史秘密……

在一座古墓中突然发现一把古剑,此剑闪闪发光,十分的锋利,原来是青铜宝剑,是越王勾践剑。宝剑外观精美,有着2000多年的历史了。出土时依然寒气逼人,听说这把宝剑可以把很多层的白纸给划破。

剑身上铸造着很多黑色菱形暗花纹,非常整齐地排列着。不知道古代铸剑大师是怎么铸造出此剑的?特别是剑首上面的11道同心圆,每个同心圆之间的距离只有0.2毫米。大量文物工作者、民间工艺大师等,为了揭开隐藏在千年古剑身上的面纱,也在努力地研究着。

越王勾践剑是在什么地方发现的呢？

人们在湖北省荆州江陵县境内纪山西麓与八岭山东麓一带有个望山楚墓群中的一号楚墓中，惊奇地发现了越王勾践剑。

当时有一个主持发掘工作的考古队队长谭维四，就是他把越王勾践剑从墓地里捧了出来。

他说在墓主棺的里面的那个人的骨架的左边，发现了一个木剑盒，盒子的颜色是黑色的，盒子的里面装着青铜剑，还配有剑鞘的。让大家吃惊的是，青铜剑和别的剑不一样。考古人员把青铜剑从剑鞘中抽出来的时候，发现剑的长度是 55.7 厘米，柄的长度是 8.4 厘米，剑的宽度是 4.6 厘米，剑首是向外面翻卷着，形状像是圆箍形。在剑格的正面竟然

还镶有着琉璃,颜色是蓝色的。它的背面格外地引人注目,竟然镶着绿松石。

考古学家发现了剑上有古文字,鸟篆铭文共两行,也就是 8 个字,这种文字在历史上称为是"鸟虫文",也是篆书的一种变体。考古人员从出铭文中认出"越王"两个字。看来这是一把越王身上佩的宝剑。

春秋时的越国,也就是在公元前 510 年开始称王算起来话,前后有 9 位越王,但是不知道这个剑到底是哪位越王的呢?

考古学家与古文字学家不断地研究与探索,终于发现越王宝剑的主人是谁了,他就是在春秋晚期的时候,很有名的霸主勾践。铭文证明了"越王勾践,自作用剑"。

越王宝剑在地下埋藏了 2000 多年,为什么没有生锈?剑身的菱形花纹是怎么形成的?

考古学者说,在 1977 年的时候,他们采用质子 X 荧光,也就是非真空的分析方法,开始对越王勾践剑进行了很科学的检测,但对宝剑

是没有损害的。

检测发现，越王勾践剑是由铜、锡以及少量的铝、铁、镍、硫等这些主要成分所组成的青铜合金，剑身的黑色菱形花纹，经过分析，原来是经过硫化处理过的。剑的各个部位作用不同，铜和锡的比例也不一样。在剑脊的部位铜的含量很多，这样剑的韧性是非常的好，不会轻易折断的。

我们来说一下剑刃，这个地方的含锡最高，很坚硬的，手碰一下的话，鲜血就会马上流出来了，终于知道它的锋利程度了吧！

剑身菱形花纹含什么最高？

含硫最高的是剑身上的菱形花纹，硫化铜的作用是可以预防锈蚀，所以剑才能保持鲜艳的。

从这些我们可以得知，古人在剑身表面曾经细心地去做了人工处理，越王勾践剑能经历千年不锈的原因就在这里了。

古人也很聪明，那个时候把宝剑通过腐蚀的化学办法，才形成了剑身上的菱形花纹。

考古学者也采用化学方法，就是硫化工艺，终于也仿制了剑身上的菱形花纹，非常的成功。但是他们也付出了很多的努力，是经过了上千次试验之后，才取得的结果。

有的考古者认为宝剑上的菱形花纹是经过很传统的铸造的办法，才制作出来的。考古学者也用传统铸剑方法，把一把有着菱形花纹的宝剑给铸造出来了。

越王宝剑可是一把奇剑啊！

传说中的中国四大名剑

轩辕剑 众神采首山之铜为黄帝所铸,后传与夏禹。

剑身一面刻日月星辰,一面刻山川草木。剑柄一面书农耕畜养之术,一面书四海一统之策。轩辕夏禹剑!黄帝、夏禹!对这样两个人我们还能说些什么呢?勇气、智慧、仁爱,一切归于两个字:圣道。轩辕夏禹剑是一把圣道之剑。

湛泸剑 湛泸是一把剑,更是一只眼睛。湛泸,湛湛然而黑色也。这把通体黑色浑然无迹的长剑让人感到的不是它的锋利,而是它的宽厚和慈祥。它就像上苍一只目光深邃、明察秋毫的黑色的眼睛,注视着君王、诸侯的一举一动。

欧冶子铸成此剑时,不禁抚剑泪落,因为他终于圆了自己毕生的梦想:铸出一把无坚不摧而又不带丝毫杀气的兵器。所谓仁者无敌。湛泸剑是一把仁道之剑。

赤霄剑 赤霄剑是汉高祖的一把佩剑,此

剑装饰有七彩珠，经过十二年的磨砺，剑身光华逼人并刻有"赤霄"二字，剑刃寒如冰霜，汉高祖就是藉此剑在大泽怒斩白蛇开启了自己一生的帝王之路。

泰阿剑 楚国的都城已被晋国的兵马围困了三年。晋国出兵伐楚，是想得到楚国的镇国之宝——泰阿剑。世人都说，泰阿剑是欧冶子和干将两大剑师联手所铸。但是两位大师却不这样认为，他们说泰阿剑是一把诸侯威道之剑早已存在，只是无形、无迹，但是剑气早已存于天地之间，只等待时机凝聚起来，天时、地利、人和三道归一，此剑即成。晋国当时最为强大，晋王当然认为自己最有资格得到这把宝剑，但是事与愿违，此剑却在弱小的楚国铸成，出剑之时，剑身果然天然镌刻篆体"泰阿"二字，可见欧冶予、干将所言不虚。晋王咽不下这口气，于是向楚王索剑，楚王拒绝，于是晋王出兵伐楚，欲以索剑为名借机灭掉楚国。兵力悬殊，楚国大部分城池很快陷落并且都城也被团团围住，一困三年。

　　城里粮草告罄,兵革无存,危在旦夕。这一天,晋国派来使者发出最后通牒:如再不交剑,明天将攻陷此城,到时玉石俱焚！楚王不屈,吩咐左右明天自己要亲上城头杀敌,如果城破,自己将用此剑自刎,然后左右要拾得此剑,骑快马奔到大湖,将此剑沉入湖底,让泰阿剑永留楚国。

李世民的"贞观之治"

贞观之治

"贞观"为唐太宗李世民年号,出自《易·系辞下》:"天地之道,贞观者也。"贞:正,常;观:示,意即以正道示人。唐太宗是中国历史上的一代英主,其治绩一直为后世所传颂。唐太宗即位后,因亲眼目睹大隋的兴亡,所以常用隋炀帝作为反面教材,来警诫自己及下属。

太宗在经济上特别关注农业生产，实行均田制与租庸调制，"去奢省费，轻徭薄赋"，使人民衣食有余，安居乐业。在文化方面，组织文士大修诸经正义和史籍；在长安设国子监，鼓励四方君长遣子弟到来留学。此外，太宗又屡次对外用兵，经略四方，平东突厥、定薛延陀、征高句丽、联姻吐蕃、和高昌，使唐之国威远播四方。太宗则被西北诸国尊为"天可汗"，成为当时世界的国际盟主。

　　在太宗执政的贞观年间，在君臣的共同努力之下，出现了一个政治清明、经济发展、社会安定、武功兴盛的治世，史称"贞观之治"。

"贞观之治"的过程

　　唐太宗李世民亲历隋末的社会大动荡,他以隋炀帝杨广的破家亡国为戒,接受隋末农民起义的教训,在政治上励精图治,实行了一系列的开明政策和措施,政绩卓著。他很注意倾听不同意见,鼓励群臣犯颜直谏,并留心选拔德才兼备的人才当官,不计身份,不别亲疏,推行"任人唯贤"的政策。

　　首先,他罢免了裴寂等保守官僚,起用了庶族地主的代表人物魏徵等,这些人大都是知识分子,熟悉历代兴亡的史实和封建思想家治国的道理。

　　李世民还通过选拔大批庶族地主的政治家进入最高统治集团,通过修《氏族志》和发展科举制度,抑制了士族地主势力,适应了庶族地主发展的历史趋势。李世民又以隋炀帝拒谏饰非为鉴,虚怀博纳,从谏如流;较好地实行"君道",避免和纠正了许多错误。

　　其次,以变重为轻、务行宽简的精神立法,选择执法官吏,尽量避免枉滥;国君率先遵守法制,执法不避亲贵。重视地方政治,慎择刺史,吏治比较清明。提倡节俭,避免不必要的战争,实行轻徭薄赋政策,发展生产,以缓和阶级矛盾。他坚持实行均田制和租庸调制,休养生息,奖励农耕,使经济得到较快的恢复和发展。贞观时期出现了牛马布野、谷价低廉、社会升平的景象。

李世民还注意各民族的关系，促进了民族之间的经济文化交流。"贞观之治"是中国历史上可与汉代"文景之治"相媲美的盛世。

"贞观之治"的主要政绩

1.亡隋为戒

隋末民变,使太宗认识"民依于国,国依于民"的道理。隋末之混乱,使二十七岁登基、英气勃发的太宗时时引以为戒,叮咛自我克制欲望,嘱臣下莫恐上不悦而停止进谏,致力纠正前朝君臣猜疑之失,这是贞观君臣共济致治的基本因素。

2.君主贤明

太宗即位后,励精图治,在政治上,既往不咎,知人善任,从谏如流,整饬吏治;经济上,薄赋尚俭,为政谨慎;亦致力复兴文教,令隋末动荡之局得以稳定下来。

3.贤臣辅国

太宗为历史上少有的英主,因有既往不咎的前提,群臣多为贤能之辈,勇于上谏。贤臣中尤以房玄龄、杜如晦最著,时人称"房谋杜断",其他如李靖、魏徵、尉迟恭等,人才辈出,均名重一时。

4.吏治清明

太宗十分重视吏治的清明,曾命房玄龄省并冗员,派李靖等十三名黜陟大使巡察全国,考察风评;规定五品以上的京官轮流值宿中书省,以便随时延见,垂询民间疾苦和施政得失,百官遂自励廉能,直接提高政府效率。

5.平定四夷

太宗对外武功成就显赫,曾多次对外用兵,先后平定东突厥、薛延陀、回纥、高昌、焉耆、龟兹、吐谷浑等,由是唐朝声威远播,四方宾服,国家得以步入安康之世。

唐太宗和魏徵的故事

　　一天，唐太宗升朝议事，他端坐在龙座之上，双手轻按龙座扶手，神态庄严，两边侍者大气不敢出。他轻轻咳嗽一声，问大臣："众爱卿，你们中的许多人都是能言善辩的宿儒，为什么上朝议事，却总是慌慌张张，甚至颠三倒四呢？"

　　魏徵深知个中缘由，便上前一步，毫不客气地奏道："皇上，你形象威武，每上朝又总是神态严肃，气势咄咄逼人，加之朝廷气氛森严，所以为臣的才那么慌张。皇上宜稍减龙威，放下架子，对大臣和颜悦色。这样，大臣们就会自然了。"唐太宗有些暗中得意，又有些难堪，但转念一想，又觉得这种肺腑之言难得，不便发作。于是，他想用近来萦绕于胸的问题难一难魏徵。"爱卿之言提醒了我。近来，我一直在思考古人常议论的'明君''暗君'的问题。你对这明、暗之别，有何高见呢？"

　　魏微应声答道:"陛下,作为万民之主而能兼听各方面的意见,则为明君。偏听一方意见,甚至于偏信小人的意见,则为暗君。像隋炀帝那样的君主,就是暗君。只有明君才能赢得万民拥戴。而暗君必定落得个身死名裂,亡国灭族的下场。请陛下慎之。"

　　以铜为镜,可以正衣冠;
　　以古为镜,可以知兴替;
　　以人为镜,可以明得失。
　　魏微没,朕亡一镜矣!
　　——这堪称对魏微人生价值的最佳注释。